Eugène de Mirecourt

La Marquise de Courcelles

– I –

I

Six heures venaient de sonner à la grande horloge du Louvre.

Après son dîner, le roi devait monter en carrosse et aller coucher à Saint-Germain. Tout y était préparé pour une grande chasse à courre. Mais soit digestion pénible, soit caprice, Louis XIV fit contremander les équipages et se retira dans son cabinet, où Lavienne, le premier valet de chambre, entra mystérieusement quelques minutes après lui.

— Eh bien? demanda le roi, avec une expression d'inquiétude.

— Sire, il m'a été impossible de pénétrer dans l'appartement des filles de la reine. Le cerbère était à la porte. Cet autre royaume de Proserpine est gardé de manière à décourager vos plus fidèles serviteurs, et les sons mêmes de la lyre d'Orphée n'attendriraient pas madame de Navailles.

— Quel ennui ! s'écria le roi. Du moins aurais-tu pu t'informer si l'état de la malade donnait toujours autant de craintes.

— Je l'ai fait, sire ; mais vous savez combien madame de Navailles est gracieuse : « — Que vous importe? m'a-t-elle répondu, de cette voix de sibylle, grinçant comme un archet sans colophane sur un violon dont les cordes ne sont pas d'accord; la noble héritière des Mortemart n'a rien de commun avec un valet de chambre, — à moins toutefois que ce valet de chambre ne remplisse un message du maître? » ajouta-t-elle, en ricanant et en me laissant voir quatre dents ébréchées qui, seules, restent debout sur les ruines de sa mâchoire. Franchement, sire, je n'ai pas eu le cœur de tenir plus longtemps en présence d'un tel spectacle.

— Oh! que cette femme prenne garde! elle lasse ma patience.

— Me permettez-vous, sire, d'énoncer nettement mon opinion sur toutes ces choses?

— Volontiers, parle.

— Mademoiselle Athénaïs de Mortemart n'est pas plus malade que vous et moi.

— Qu'oses-tu dire? on oserait me tromper à ce point?

— J'en ai peur. Votre Majesté n'a pas suffisamment entouré de mystère sa nouvelle passion ; la reine en est instruite, et la duchesse de La Vallière elle-même a des inquiétudes.

— Crois-tu cela ?

— Les filles d'honneur suivent quelquefois les chasses royales sans doute, — mais de très loin, sire. Pour les soustraire à tous les regards, on les enferme scrupuleusement au fond d'un carrosse. En manifestant le désir qu'elles vinssent à cheval et en amazones courre le cerf à Saint-Germain, c'était faire soupçonner vos projets. On n'ignore pas que mademoiselle de Mortemart est excellente écuyère, et on lui ordonne d'être malade, afin d'empêcher le hasard de favoriser une rencontre de votre Majesté avec elle sous quelque avenue solitaire de la forêt.

— Vrai Dieu! tu as raison : c'est une intrigue ourdie par la reine et par la duchesse.

— Avec complicité notoire de madame de Navailles.

— O duègne insolente! tu me le paieras! cria Louis XIV, frappant de sa main fermée le dessus d'un guéridon de marqueterie placé dans son voisinage.

Tout un service de porcelaine de Chine roula sur le parquet et se brisa en mille pièces.

Lavienne ramassa tranquillement les morceaux et les rangea dans un coin, pendant que le roi se promenait avec colère d'un bout de la chambre à l'autre.

— Oui, morbleu, murmurait-il, c'est bien cela ! Hier, au parc de Saint-Cloud, Athénaïs était radieuse de santé : donc il est impossible qu'elle soit malade aujourd'hui, précisément à l'heure où nous allions partir. C'est un complot dans toutes les règles.

— Il faut montrer du calme, sire. Vous n'avez pas l'intention d'aller forcer la porte des filles d'honneur et de vous assurer par vos propres yeux si mademoiselle de Mortemart est aussi dangereusement malade qu'on vous l'annonce?

— Pourquoi pas? je suis le maître.

— Sans doute ; mais réfléchissez au scandale. Croyez-moi, ne dites à personne pour quel motif vous renoncez à la chasse de demain. Donnez plutôt un autre divertissement, et demandez au ministre les fonds nécessaires à l'exécution de ce brillant carrousel, dont vous avez dressé le plan.

— Diable! fit le roi, Colbert va crier encore à la dilapidation des finances.

— Vous le laisserez crier, sire. Toute la cour assistera sûrement à cette fête, et je trouverai moyen de glisser à mademoiselle de Mortemart une lettre de Votre Majesté.

— Tu as raison ; va dire à M. de Colbert que nous désirons lui parler.

Lavienne s'inclina et disparut.

Après son départ, le roi prit un siége et s'assit devant un bureau chargé de parchemins et de notes.

Il ouvrit avec une petite clef d'or un magnifique portefeuille de maroquin du Levant, où il enfermait ses papiers particuliers et les lettres de ses maîtresses. Pendant quelques minutes il feuilleta le contenu de ce portefeuille sans trouver ce qu'il cherchait.

Enfin, il tira du milieu des paperasses une note détaillée, en tête de laquelle on pouvait lire ces mots :

« Frais généraux du carrousel que j'ai le projet de donner dans la grande cour des Tuileries, le premier mai de l'an de grâce mil six cent soixante-quatre, et de mon règne le vingt-et-unième. »

Ayant examiné fort attentivement tous les paragraphes de cette note, il en biffa plusieurs articles, diminua quelques chiffres, et, trouvant encore au total une somme de quatre cent cinquante mille livres, il s'écria :

— Colbert va gronder, c'est sûr!

— Votre Majesté pense-t-elle que j'en aie le droit? dit le ministre, qui, après avoir soulevé une portière, se tenait depuis un instant derrière le siége du maître.

Louis XIV replaça vivement dans le porte feuille le papier qu'il tenait à la main; puis, honteux de ce mouvement irréfléchi, qui lui donnait l'air d'un écolier pris en maraude :

— J'ai besoin de quatre cent cinquante mille livres, monsieur, dit-il en tournant son fauteuil et en regardant Colbert debout devant lui.

— Quand faut-il cet argent à Votre Majesté?

— Demain.

— Vous l'aurez, sire.

Et le ministre salua jusqu'à terre.

Il allait se retirer, quand Louis XIV fit un geste qui le retint à sa place.

— Vous ne me demandez pas, monsieur, à quel emploi je destine cette somme?

— Non, sire. Je veux prouver à Votre Majesté qu'il ne m'appartient ni de faire des questions, ni de gronder, comme il vous plaisait de le dire tout à l'heure.

Dans le ton de gravité solennelle que M. de Colbert donnait à cette réponse, il était facile de distinguer une nuance de reproche et un mécontentement sourd.

— Le roi, continua-t-il, est maître absolu des deniers de l'État. Quand il me demande la clé du coffre des finances, mon devoir est de la lui apporter, sans réflexions, sans commentaires.

— C'est la première fois, monsieur, que vous me tenez ce langage. Vous n'avez pas l'habitude d'une pareille réserve.

— Sire, dit le ministre en saluant de nouveau, j'ai eu l'honneur de présenter une fois à Votre Majesté les observations que me dictait l'intérêt du royaume; je n'ai donc pas à les reproduire aujourd'hui.

— Mais j'ai pu les oublier, monsieur.

— Je ne le pense pas, sire.

— Vous soupçonnez-donc ma sincérité?

— Dieu m'en garde!

— Alors, j'exige que vous me parliez franchement, sans réticences.

— Eh bien, dit Colbert, je crois que Votre Majesté veut m'éprouver.

— Je ne vous comprends pas monsieur.

— Il est impossible, poursuivit le ministre, que vous ayez perdu de vue le désordre dans lequel Mazarin a laissé nos finances. A sa mort, il y avait un déficit de plus d'un milliard, et l'administration du surintendant Fouquet n'a fait qu'accroître la dette publique.

— C'est vrai, monsieur. Le cardinal est allé rendre compte de ses dilapidations au juge suprême, et le surintendant expie les siennes à Pignerol. J'ai fait choix de vous pour réparer le désastre. Mais il ne faut pas que votre économie enlève rien à notre dignité royale ni au reflet glorieux que je tiens à lui laisser aux yeux de l'Europe.

— Sire, la véritable gloire d'un roi consiste à payer les dettes du trésor.

— J'en conviens, monsieur.

— Vous n'avez pas même, en ce moment, de quoi récompenser vos serviteurs les plus fidèles, et vous croyez peut-être qu'ils s'en plaignent : voilà pourquoi l'idée vous est venue de me soumettre à une épreuve.

— Mais quelle épreuve ? parlez donc enfin !

— Sans doute vous avez entendu dire que

l'hôtel Colbert était hypothèqué pour une somme égale à celle dont vous dites avoir besoin, sire ?

— En effet, répondit Louis XIV.

Il sentit le rouge lui monter au front et détourna la tête, pour échapper au regard calme et froid que son ministre attachait sur lui.

— Mes frais de représentation, depuis le jour où vous m'avez honoré de votre confiance, reprit Colbert, ont été considérables, et j'ai deviné que Votre Majesté destinait cet argent à les couvrir; mais je ne l'aurais reçu, je le proteste, que pour le restituer à l'instant même au trésor. Mes créanciers doivent être payés après ceux de l'État.

Le roi fit un soubresaut; tous les muscles de son visage se contractèrent. Il y eut un long silence, pendant lequel le ministre demeura profondément incliné devant son maître.

— C'est une leçon que vous me donnez là, monsieur, une leçon cruelle! dit enfin Louis XIV.

— Sire....

— Les paroles mêmes que vous m'avez entendu prononcer, en entrant, suffisaient pour vous empêcher de prendre le change. — Oh! ne vous justifiez pas! Je suis dans mes torts. Un prince qui refuse d'écouter la vérité, quelque dure qu'elle soit, ne sera jamais un grand prince.

Il ouvrit le portefeuille et en retira la note, qu'il y avait cachée, à l'apparition de Colbert.

— Avouez-le, dit-il, vous étiez derrière mon fauteuil, et vous avez jeté les yeux sur cet écrit?

— Je l'avoue, répondit le ministre.

— Alors, pourquoi n'avoir pas eu brusquement et loyalement le mérite de la franchise ? Je suis jeune, monsieur ; j'ai les goûts et les passions de mon âge. Tout le monde comprendra qu'un roi de vingt cinq ans aime le plaisir, la dépense, et ne puisse se résoudre à liarder comme un usurier dans son bouge. Si Mazarin a été un voleur ; si Fouquet, pour entretenir son faste, a jeté des millions dans un gouffre, est-ce ma faute? ai-je pu y mettre obstacle? dois-je en pâtir ? J'ai l'étourderie et l'irréflexion de la jeunesse; mais je tiens à vous prouver que je ne suis point un ingrat. Le carrousel n'aura pas lieu, je vous le jure, malgré tous les motifs que je puis avoir pour désirer cette fête, et je vous donne l'argent qu'elle aurait coûté.

— Pardon, sire, pardon! — ce n'est pas de la sorte que nous pouvons nous entendre.

— Expliquez-vous.

— Je n'accepte pas, et le carrousel aura lieu. Vous avez raison, je devais parler sans détour et mieux comprendre la générosité de votre nature. La politique nous gâte, sire. Je vous demande sincèrement pardon du subterfuge que je viens d'employer pour obtenir une récompense de mes services. Mais, cette récompense, je ne veux pas la recevoir sur les derniers de l'État; je ne dois pas souffrir qu'elle vous prive d'une jouissance.

— A la bonne heure, dit le roi, qui parut flatté de ce discours. Vos grandes raisons financières n'étaient donc pas sérieuses?

— Le danger de la dépense diminue, sire, et la dette se comble. Depuis dix-huit mois, le commerce du royaume est florissant; les impôts ont pu être doublés sans exciter la moindre plainte. Grâce aux mesures que j'ai prises, toutes les sommes extorquées par la dilapidation seront rentrées dans nos coffres avant trois ans.

— C'est à merveille, monsieur. Voyons, je vous prie, la récompense que vous ambitionnez?

— Je ne demande rien pour moi, sire. Seulement, comme la brèche faite à ma fortune ruine en même temps Maulevrier, mon frère, je voudrais le dédommager de son dévouement et de ses sacrifices, en l'aidant à contracter un mariage avantageux.

— Bien, dit le roi, je vous y aiderai de tout mon pouvoir.

— Votre Majesté ne l'ignore pas, mon frère est un peu disgracié de la nature. Les femmes veulent autre chose que les qualités de l'intelligence et du cœur. Jusqu'à ce jour, il n'a pu trouver un parti sortable.

— Un époux que le roi présente est toujours beau. Tranquillisez-vous, monsieur.

— Pourtant, sire, il faut prendre garde. Ne forçons pas le consentement des familles. Cela pourrait m'attirer des haines, et je ne veux pas d'ennemis qui viennent mettre des entraves aux services que je dois rendre à Votre Majesté.

— Sans doute; mais que faire?

— Il s'agirait de rencontrer quelque riche

orpheline, dont la dot n'aurait éveillé jusqu'ici l'ambition de personne.

— C'est là le difficile, monsieur, fit Louis XIV, en souriant.

— Mais non, sire. J'ai déjà la future en vue.

— Très-bien.

— Votre Majesté se souvient-elle d'avoir tenu sur les fonts de baptême, avec Marie de Bourbon, aujourd'hui princesse de Carignan, la fille de Joachim de Lenoncourt, marquis de Marolles?

— Oui. N'était-ce pas le gouverneur de Thionville?

— Lui-même.

— Homme dévoué, bon soldat, qui a courageusement lutté contre les Frondeurs et nous a rendu de véritables services, dit le roi.

— La mémoire de Votre Majesté est fidèle.

— Ma mère et le cardinal ont voulu exprimer leur reconnaissance à M. de Lenoncourt ; ils ont décidé que je serais le parrain de sa fille. Eh ! mais, il y a bientôt quinze ans de cela !

— Oui, sire ; votre filleule est nubile.

— Ah ! ah ! je comprends.

— Vous êtes aujourd'hui le tuteur naturel de Sidonia de Lenoncourt.

— Bon ! fit le roi, tout va s'arranger le mieux du monde. En effet, le marquis a été tué par un éclat d'obus à la dernière expédition d'Allemagne. Sa veuve, accusée d'inconduite, fut, si je ne me trompe, citée au parlement et déclarée inhabile à gérer ses biens.

— On lui a même défendu, dit Colbert, de se charger de l'éducation de sa fille.

— C'est juste. Mais où est donc aujourd'hui la future de Maulevrier?

— A Orléans, sire. On l'a confiée aux soins de sa tante, Marie de Lenoncourt, supérieure de l'abbaye de Saint-Loup.

— Eh! j'y songe, dit Louis XIV après un instant de réflexion, ce n'est déjà pas un parti si considérable que vous avez trouvé là : ma filleule a quatre frères.

— Non, sire, ils sont morts.

— Tous les quatre?

— Parfaitement. Les deux aînés se sont fait tuer en Espagne. Le cadet, prieur des Prémontrés de Versailles, a succombé l'année dernière à la petite vérole, et le plus jeune, pour avoir trop ardemment couru la bague, il y a huit jours, à la noce de mademoiselle d'Étampes, est mort, le surlendemain, d'une fluxion de poitrine.

— Dieu me pardonne, cria le roi, Maulevrier

est né coiffé ! Grâce à tous ces trépas consécutifs, nous allons lui donner pour femme une des plus riches héritières de France. A combien se monte la fortune des Lenoncourt?

— A six millions de livres environ, répondit Cobert.

— Peste, monsieur! savez-vous qu'une pareille dot suffirait à contenter l'ambition d'un prince du sang.

— Je l'avoue, et si Votre Majesté trouve ce mariage trop brillant pour mon frère...

— Peut-être ! mais c'est vous que je récompense.

— Le roi me comble, dit le ministre en s'inclinant.

— Faites la demande, monsieur ; je me charge de l'appuyer.

— Sire, elle est faite ; seulement, il y a de grands obstacles à cet hymen.

— Des obstacles, quand le roi vous promet son appui ? Vous ne parlez pas sérieusement.

— L'abbesse de Saint-Loup déclare que sa nièce ne veut pas se marier. Elle a pris cette jeune fille en grande affection. Là-dessous, néanmoins, il doit y avoir un sentiment avide ; elle verrait, j'imagine, sans trop de déplaisir les six millions entrer au cloître.

— Cela ne sera pas, monsieur, je vous l'affirme.

— Votre Majesté me permettra sans doute de lui ouvrir un avis sur la marche à suivre en cette circonstance.

— Oui, certes. Parlez.

— Il me semble qu'il faudrait envoyer à Orléans quelque dame respectable de la cour, dont la sagesse et la prudence...

— Une dame respectable ? attendez un peu ! fit le roi. Eh ! mais sans doute, poursuivit-il, c'est cela même, — un excellent tour ! — Jamais occasion plus belle ne se présentera de nous débarrasser de notre Argus.

Il partit d'un bruyant éclat de rire.

— Quel Argus ? demanda Colbert, émerveillé de cette gaieté soudaine.

— Ah! ceci est mon secret, monsieur. Vous trouverez bon que je serve mes intérêts en m'occupant des vôtres. Combien faut-il à deux chevaux vigoureux et à un bon carrosse pour faire le trajet de Paris à Orléans? Il y a trente lieues, n'est-il pas vrai? — trente lieues, c'est peu de chose. En partant ce soir, la messagère arrivera demain dans la matinée. Je lui donnerai mes chevaux barbes, ils ont des jambes de fer. C'est aujourd'hui jeudi. Donc, à dimanche, au plus tard, la présentation de ma filleule à la cour.

— Vraiment, sire, vous daignerez, — si vite...

— Puis-je mettre trop d'empressement à vous être agréable, monsieur?

— Oh! croyez que ma reconnaissance...

— Vous me l'exprimerez, le jour du mariage de votre frère.

— Dans une heure, Votre Majesté aura les quatre cent cinquante mille livres.

— C'est inutile. Vous paierez les frais du carrousel. Bonsoir, M. Colbert, bonsoir.

Et le roi congédia son ministre par un geste amical.

A peine fut-il dehors, que Louis XIV frappa trois coups rapides sur un timbre.

Lavienne rentra.

— Victoire! cria le roi; nous l'emportons sur toute la ligne. Ah! madame la gouvernante, vous jouez au cerbère ? ah ! vous entravez nos affections? ah! vous bridez nos plaisirs? ah ! vous nous mettez dans l'alternative ou de faire du scandale ou d'employer la ruse? — Eh bien, morbleu, va pour la ruse!

— Qu'y a-t-il donc, sire! demanda Lavienne. Votre visage rayonne et vos yeux lancent des éclairs de joie.

— Va dire qu'on attèle mes deux barbes de Tunis au plus léger de mes carrosses.

— Est ce que Votre Majesté se décide à partir pour Saint-Germain?

— Non pas, nous restons au Louvre, c'est madame de Navailles qui part. Comprends-tu?

— Madame de Navailles, — et où va-t-elle?

— A Orléans; je l'y envoie, cette nuit même, pour remplir une mission de confiance. Or, ne m'as-tu pas dit que la sous-gouvernante des filles de la reine était bien disposée en notre faveur?

— Je vous l'ai dit, en effet, sire.

— Donc nous triomphons! donc je vais apprendre de la bouche d'Athénaïs même si réellement il y a lieu de craindre pour sa précieuse santé.

— Mais la duègne refusera de partir.

— Vrai Dieu! c'est ce qu'il ferait beau voir.

Avertis Comminges; que douze de ses hommes montent à cheval et soient prêts à escorter le carrosse. Je vais, pendant ce temps-là, signifier mes instructions à la gouvernante. Si elle résiste, si elle fait mine de désobéir, qu'on la jette en voiture et qu'on parte ventre à terre.

— Bravo! s'écria Lavienne; voilà ce qui s'appelle agir en roi!

Il sortit pour exécuter les ordres du maître.

II.

Sous le guichet de l'Oratoire existait alors une vaste salle, ornée de panoplies gigantesques, où se rassemblaient les officiers des gardes, quand ils se trouvaient de service au Louvre. On y jouait aux dés et aux cartes. Les plus sages faisaient des armes. D'autres fumaient, buvaient, chantaient, racontaient leurs intrigues.

C'étaient presque tous de jeunes et beaux gentilshommes, fiers du regard, hardis de la langue et portant haut la tête.

Parfois, au milieu de cette réunion tumultueuse, on voyait entrer une soubrette, à la mine intelligente, qui se glissait mystérieusement entre les tables. Alors, on savait qu'il s'agissait de quelque doux message. Le jeu s'arrêtait, les chanteurs faisaient silence ; la botte la plus vigoureusement portée n'avait plus de riposte ; des chuchotements s'établissaient d'un bout de la pièce à l'autre, et l'on regardait quel pouvait être l'heureux mortel pour qui allait sonner l'heure du berger.

Le silence durait jusqu'au départ de la messagère.

Mais, à peine avait-elle dépassé le seuil, qu'une véritable tempête d'apostrophes subites et d'exclamations bruyantes ébranlait les fenêtres de la salle.

— Qui peut t'écrire?

— Est-ce la marquise?

— Non, c'est la duchesse.

— Du tout, c'est la petite baronne!

— Ah! pardieu, regardez! le poulet est d'une forme burlesque.

— Il n'a ni cachets, ni rubans...

— Je gage qu'il ne sent pas l'ambre?

— Oh! oh! dérogerais-tu avec des bourgeoises?

— Voyons le style?

Et, presque toujours, la lettre était lue à haute et intelligible voix. Les moins indiscrets ne montraient pas la signature; mais on la devinait, ce qui revenait au même.

Une aventure de ce genre avait lieu, au moment où nous introduisons le lecteur dans la salle des officiers aux gardes de sa majesté Louis XIV.

Seulement, la femme qui apportait une

lettre à l'un de ces messieurs semblait être parfaitement connue des autres, car ils ne voulaient plus la laisser partir.

— Eh! ma chère, tu as le temps de rentrer à l'hôtel de Soissons.

— Laisse-nous te courtiser à notre aise.

— Tu n'es pas devenue dévote, j'imagine ?

— Non, messieurs, mais vous fumez trop, répondit la camériste avec un sourire mutin, prouvant qu'elle ne redoutait beaucoup ni l'odeur du tabac, ni les cajoleries.

— A propos, la Desfontaines, est-ce que ta maîtresse a toujours sa magnifique chevelure ?

— Toujours, messieurs.

— Et Villeroi la peigne-t-il encore ?

— Pauvre imbécile ! d'où sors-tu ? cria l'un des buveurs, apostrophant celui qui venait de faire cette question.

En même temps, il se levait d'une table, où il avait dû se livrer à de fréquentes rasades, car on le vit presque aussitôt trébucher et rouler dessous.

— Tiens, Courcelles est ivre !

— Pardieu ! ce n'est pas du nouveau.

— Non, mais ce n'est pas non plus une raison pour souffrir ses impertinences. Allons, ivrogne, debout ! Pourquoi viens-tu de m'appeler imbécile ?

— Ah ! voilà, c'est que mon oncle....

— Eh bien, parleras-tu ? ton oncle....

— Ne peigne plus les cheveux de madame de Soissons.

— Parce qu'il adore maintenant la princesse de Monaco ? cela n'empêche pas, il cumule.

— Non, vous dis-je. Villeroi est parti pour Orthez, où il va prendre femme.

— Enfin, quelle est cette histoire de cheveux ? Voyons, la Desfontaines, on dit que tu as été témoin de l'aventure. Sois aimable, et donne-nous quelques détails à ce sujet.

— Fi, messieurs, je ne me livre jamais à la médisance, jamais!

Ce disant, elle partit d'un éclat de rire et s'en alla.

— Bon! la médisance... Vous avez entendu?... l'histoire est véritable...

— Qui la raconte?

— Moi! dit celui qu'on avait à juste titre accusé d'être ivre, et qui, malgré cela, continuait de vider un flacon de vin d'Espagne à la table où il venait de se rasseoir : je ne suis pas fâché de draper mon cher oncle et de faire connaître ses fredaines.

— Ton oncle est un homme de goût, un charmant cavalier, qui mérite l'estime générale et dont on ne doit parler qu'avec éloge. Tâche de lui ressembler, Courcelles, et tais-toi ! dit un de ses camarades, en lui frappant sur l'épaule.

— Corbleu ! tu m'insultes ! cria l'ivrogne.

— Eh ! ce sera comme tu voudras, je suis à tes ordres.

— Allons, Morcerf, cher vicomte, point de querelle ! dirent les officiers en s'interposant.

— Parce que la Desfontaines vient de t'apporter un message de madame de Soissons, est-ce un motif de prendre ainsi la mouche ?

Sois heureux à ton tour, mais ne nous prive pas de l'anecdote.

La lettre que je viens de recevoir est une invitation à dîner, messieurs. Voyez plutôt.

Il leur tendit un papier, qui passa de mains en mains.

— C'est juste, firent-ils.

— Alors, que t'importe? laisse parler Courcelles.

— Pourquoi donc, si je tiens à raconter moi-même l'histoire que vous demandez.

— Bravo !

— Nous aimons mieux cela.

— D'ailleurs, notre ivrogne s'endort.

En effet, Courcelles, dont la tête alourdie venait de s'appuyer sur la table, ronflait entre son verre et le flacon vide.

— Il est au plus mal avec son oncle, vous le savez, reprit le vicomte de Morcerf, et il nous aurait dit quelque sottise ou nous aurait brodé l'anecdote d'une façon inconvenante. Voici la chose dans toute sa simplicité primitive. Un matin, la belle Olympe Mancini, nièce du feu cardinal et comtesse de Soissons, faisait arranger les tresses de ses cheveux, qu'elle a fort beaux, par cette même femme dont vous avez tout à l'heure chiffonné les collerettes. Villeroi survint et tomba littéralement en extase devant les longues boucles soyeuses qui se déroulaient sur les épaules de la belle Olympe et descendaient jusqu'à terre.

— Peste ! il y avait là de quoi faire venir... les cheveux à la bouche.

— Ce fut l'opinion de Villeroi; il salua la comtesse et dit : « Pour être cinq minutes votre femme de chambre, madame, et tenir entre mes mains le trésor qu'elle a dans les siennes, je donnerais deux années de mon existence.

— Vous êtes un prodigue, monsieur le duc, répondit Olympe en souriant : je puis vous accorder à meilleur compte le bonheur que vous ambitionnez. — Prête-lui le peigne,

Rosine! C'est le petit nom de la Desfontaines, messieurs.

— Nous le savons bien. Achève.

— Rosine obéit, mais en ayant l'air de rechigner, et en disant avec un léger ton d'humeur : « Puisque madame charge une autre personne de mon ouvrage, il est inutile que je reste ici. » — Tu as raison, répondit Olympe, va-t-en! Et Rosine s'en alla, messieurs. J'ai fini l'histoire.

— Allons donc, tu plaisantes?

— C'est une mystification!

— Quoi! tu ne sais rien de plus?

— Non, vraiment, dit Morcerf.

Il quitta le groupe railleur pour s'approcher de l'un de ses collègues, assis au fond de la salle, et qui n'avait pris aucune part à la conversation précédente.

C'était un jeune homme âgé de vingt ans à peine, d'une figure à la fois douce et énergique, aux lignes un peu brusques, mais agréablement coupées par une bouche bien faite et des dents blanches. Il avait le front large, la taille élégante, les mains fines et aristocratiques. Sa réserve vis-à-vis de ses compagnons, la solitude où ils le laissaient, comme aussi la souveste toute neuve qu'il portait avec beaucoup de grâce annonçaient que son entrée aux gardes était récente. Dans son regard, qui devait être d'ordinaire vif et pénérant, on remarquait un nuage de mélancolie. Le vicomte crut même apercevoir quelques traces de larmes.

— Eh bien, mon jeune ami, lui dit-il, toujours triste, toujours rêveur ? Ceci pourtant ne doit pas être naturel chez vous ; c'est la première fois qu'un soldat, arrivant de province, semble s'ennuyer à Paris.

— Il y a certaines impressions, monsieur, répondit le jeune homme, dont aucun de nous, ici-bas, n'est maître, et j'avoue que la gaîté de nos camarades est un peu bruyante pour moi.

— Vous n'avez à vous plaindre, jespère, d'aucun mauvais procédé ?

— Non certes. Tous m'ont fait, le plus aimable accueil, vous, surtout, monsieur le vicomte. Je vous en remercie.

— Prenez garde ! vous allez vous donner les torts.

— Comment cela ?

— Dès que nous sommes venus à vous, cordialement, en loyaux et francs militaires, il convient, ce me semble, de nous payer de retour. Les plus susceptibles vous accusent déjà de fierté.

— Moi ! fit le jeune homme avec stupeur.

— Sans doute. On voit bien, disent-ils, que François Du Boulay, notre nouveau camarade, est parent de Comminges. Il se tient à l'écart, il se renferme dans sa dignité.

— Par exemple! je vous jure...

— Oh! vis-à-vis de moi, dispensez-vous de protestations, interrompit Morcerf. Tout d'abord, votre figure m'a plu; je me suis trouvé entraîné vers vous par une sympathie véritable, et je vous crois sur parole. Mais il n'en est point ainsi des autres. A leurs yeux, les apparences vous condamnent. N'êtes-vous pas sûr, avec la protection de Comminges, d'avoir un avancement rapide? Songez-y donc! du grade de simple enseigne au régiment de l'Orléanais, passer officier dans les gardes! c'est une chose inouïe jusqu'à ce jour.

— Et ils pensent que je m'enorgueillis de tout cela?

— Non-seulement ils le pensent, mais ils le disent.

— Alors, s'écria le jeune homme, qui se leva précipitamment, je regarde comme un devoir de les détromper.

François Du Boulay s'approcha du groupe que Morcerf avait quitté deux minutes auparavant. Ce dernier le suivit, assez inquiet de cette vivacité chez un homme jusque là sombre et taciturne.

— Messieurs, dit François en saluant ses camarades avec une exquise courtoisie, je ne vous ai pas encore payé ma bienvenue; j'attendais pour cela une centaine de pistoles, que ma famille devait m'envoyer depuis dix jours, et qui me sont arrivées seulement ce matin. Voulez-vous me faire le plaisir d'accepter à souper chez Renard?

Une exclamation générale de surprise accueillit ces paroles.

— On m'a dit, messieurs, que vous m'aviez accusé de fierté. Ne me faites pas l'injure de garder plus longtemps un pareil soupçon : j'aimerais mieux être accusé de sottise.

— Il est charmant! crièrent en chœur tous les gardes.

— Vive le cousin du capitaine!

— C'est bien, mon ami, c'est très-bien! dit

le vicomte, émerveillé de l'empressement que mettait François à réparer un tort involontaire. Chez Renard, donc, messieurs, ajouta-t-il ; allons chez Renard !

— Oui ! oui !

— Nous ne sommes plus de faction, partons tous.

— Et laissons dormir cet ivrogne de Courcelles.

— Il se pendra demain de désespoir.

La troupe joyeuse quitta la salle, traversa le guichet et s'élança hors du Louvre. En moins de cinq minutes, nos officiers eurent tourné l'hôtel de Chevreuse, dépassé les

Quinze-Vingts, monté la rue Saint-Honoré, de la hauteur du Palais-Royal à la rue de l'Échelle, qu'ils franchirent en deux sauts, puis ils entrèrent au jardin des Tuileries.

Le plus célèbre traiteur de l'époque avait obtenu, depuis dix-sept ans, l'autorisation d'y élever un corps de logis et d'y ouvrir des salons au public.

On n'attendait jamais chez Renard.

Bientôt nos gardes-du-corps furent assis à une table somptueuse. Les flacons vides s'entassèrent autour d'eux. François Du Boulay faisait royalement les choses et venait de commander une carte triomphante. Du train dont marchaient la soif et l'appétit des convives, il était aisé de voir que les cent pistoles allaient recevoir une rude atteinte.

François buvait plus que les autres.

Il avait besoin de s'étourdir et de noyer la pensée douloureuse à laquelle il s'était déjà trop abandonné depuis son admission dans les gardes, puisqu'elle avait failli lui enlever l'estime et la considération de ses camarades.

Au dessert, éclata le champagne, et quand les coupes pétillantes se furent levées en l'honneur de l'amphitryon, Morcerf, achevant de vider la sienne, se prit à dire :

— Gageons, messieurs, que le cousin de notre capitaine est amoureux.

— Déjà ! crièrent les convives, et de qui donc ?

— Oh ! ce n'est pas d'une beauté parisienne, reprit Morcerf, en regardant le protégé de Comminges, dont le visage devenait écarlate.

— Ainsi, nous avons laissé notre cœur en province ?

— A Orléans ?

— Fi donc !

— Messieurs, je vous en supplie, n'abordons pas cette matière, dit le jeune homme avec un accent pénible.

— Il en convient !

— Bravo ! Forçons-le de nous raconter ses amours.

— A la santé de votre belle, mon cher Du Boulay !

— Que ses yeux vous enivrent.

— Que sa douce image berce vos rêves.

— Et qu'elle n'ait pour vous ni refus, ni rigueurs.

— Hélas ! messieurs, dit François, je vous ai déjà priés de ne plus insister sur ce chapitre. C'est un amour malheureux.

— Allons donc !

— Nous ne pouvons le croire.

— Qui oserait dédaigner le cœur d'un officier aux gardes ?

— Une provinciale !

— Quelque fille aux grosses lèvres et aux mains rouges ?...

— Non, messieurs, non. Celle que j'aime est un ange de candeur et de beauté. Malheureusement, on la retient sous les grilles d'un cloître.

— Ah ! diable !

— Sa tante est supérieure de l'abbaye de Saint-Loup, à Orléans. Cette gardienne sévère est prête à mettre obstacle à toutes les tentatives.

— Eh ! corbleu, nous irons forcer les grilles et arracher du cloître cette jeunesse, cria Morcerf ; n'est-il pas vrai, camarades ? Un serment solennel, et remplissons nos verres !

— Arrêtez, dit François. Votre dévouement me touche, et je vous remercie ; mais ce que vous proposez est impossible.

— Est-ce que, par hasard, elle ne t'aimerait pas ? demanda le vicomte, dont la sympathie pour Du Boulay, grâce à leurs nombreuses rasades, allait alors jusqu'au tutoiement.

Pour toute réponse, le jeune homme, qui lui-même se sentait pris d'un accès de confiance, tira de la poche de sa souveste un petit billet, noué d'une faveur rose, et le tendit à Morcerf, qui le déploya.

— Dois-je lire tout haut, cher ami?

François répondit par un signe de tête affirmatif, et le vicomte entama la lecture qui va suivre :

« Ah! que vous m'avez causé d'épouvante! Si l'on vous avait vu pénétrer ainsi dans le jardin du couvent, si ma tante pouvait se douter qu'un homme est tombé à mes genoux et m'a parlé d'amour, — quel scandale! Je crains d'être coupable en acceptant votre moyen de correspondance; mais je n'ose vous refuser; vous commettriez peut-être quelque nouvelle folie. Ce matin, j'ai trouvé votre lettre suspendue au fil que vous avez jeté par dessus le mur, et je vais y attacher ma réponse. Vous me demandez si je vous aime?...

Hélas ! je tremble d'interroger mon cœur. Ne vous mettez plus ainsi à votre fenêtre pour me regarder au moment de la récréation ; mes compagnes pourraient vous apercevoir, et je serais perdue.

« SIDONIA.. »

— Chère mignonne ! dit le vicomte. As-tu d'autres missives à nous montrer, cher ami ? Le style de cet ange est délicieux.

François tira de sa poche une seconde lettre et la tendit à Morcerf.

— Permettez, dit l'un des convives ; il est bon d'avoir ici quelques renseignements. L'âge de la jeune personne, s'il vous plaît ?

— Quinze ans, répondit François.

— Heureux mortel ! Vous habitiez donc une maison voisine du cloître ?

— Ma fenêtre donnait sur le jardin des pensionnaires.

— Cela suffit. Voyons le second poulet, Morcerf.

— Écoutez, dit le vicomte.

Il lut :

« Je vous autorise à me demander en mariage à ma tante; mais il faut que je la prépare à cela, car son rêve le plus cher, je dois vous le dire, est de me garder toujours auprès d'elle. Je ne suis pas ingrate, je lui rends affection pour affection ; cependant je vous l'avoue, la vie de recluse me fatigue et me pèse. Si j'avais encore mon père, je serais déjà présentée par lui à la cour. Un mari, seul, peut le remplacer, — et, si vous m'aimez comme vous le dites, comme j'ai besoin de le croire, je suis prête à vous confier mon bonheur. Cherchez un autre moyen de me faire parvenir vos lettres. Le jardinier se lève toujours avant moi ; il pourrait en trouver une et la porter à ma tante. Le danger de sauter par-dessus la muraille n'existe qu'en plein jour. De nuit, vous pourriez vous approcher de ma cellule, qui est la dernière à droite, du côté de la chapelle. Il nous serait facile de causer tous les soirs une demi-heure au travers de mes barreaux... »

— Peste! cher ami, s'écria Morcerf, et tu appelles cela. un amour malheureux ?

— Oui, répondit François, à partir de cette lettre commence le malheur. Je me servais d'une échelle de corde pour escalader le mur. Il avait trente pieds de haut. Le soir même, à la nuit close, je descendis dans le jardin, et je m'approchai de la fenêtre indiquée. J'y vis de la lumière, ce qui me parut d'abord étrange. Essayant de glisser le regard au travers d'un épais rideau, je ne distinguai rien. Comme, d'ailleurs, je n'entendais aucun bruit, je me hasardai à faire un signal, et je frappai trois coups contre les vitres. L'instant d'après, le rideau s'écarta, la fenêtre s'ouvrit et j'aperçus...

François s'arrêta.

Deux larmes de colère descendirent le long de ses joues.

— Oh! oh! diable! dit Morcerf, ne nous laisse pas ainsi au milieu de l'histoire... tu aperçus?...

— La tante de Sidonia, l'abbesse du couvent, qui, malgré les intances et les supplications de sa nièce, ou peut-être même à cause de cela, s'était obstinée à rester dans la cellule de la jeune fille pour achever ses heures.

— Ah! miséricorde! firent les convives.

— Je me précipitai sous une charmille, mais pas assez tôt pour empêcher l'abbesse de reconnaître un vêtement masculin. Elle cria au feu ! au voleur ! Tout le monde fut sur pied en un clin d'œil ; je n'eus que le temps bien juste de m'enfuir et de retirer l'échelle.

— Pauvre garçon ! Qu'arriva-t-il ensuite ?

— Hélas ! fit Du Boulay, toute la nuit le jardinier, suivi des plus vieilles nonnes, courut avec des torches et visita jusqu'aux derniers recoins du jardin. Je les apercevais de ma chambre. Plus d'espoir de rendez-vous. Une surveillance rigoureuse allait s'organiser, des mesures fatales allaient être prises. Au lever du soleil, je vis des garçons serruriers occupés à hérisser le mur d'un abominable couronnement en fers de lances. J'avais envie de saisir une escopette et de leur envoyer des balles.

Vers midi, quelqu'un ouvrit ma porte, jeta rapidement un papier dans ma chambre et redescendit quatre à quatre les marches de l'escalier. C'était la laitière du couvent. Sidonia lui avait donné deux louis pour m'apporter une lettre. Cette lettre m'expliquait la présence de l'abbesse dans la cellule et se terminait par ces mots :

« Fuyez !... On va se mettre à votre recherche; on fait contre vous des menaces terribles. Vous m'avez dit que votre cousin, capitaine des gardes du roi, vous proposait d'entrer dans sa compagnie : acceptez vite, et tâchez de trouver à la cour un protecteur puissant, qui fasse ordonner notre mariage. »

— Eh! pardieu, dit le vicomte, elle a raison. Comminges a beaucoup d'influence ; tu es sûr par lui d'arriver à ton but.

— Voilà ce qui vous trompe, répondit François avec un soupir. J'ai sondé le capitaine, sans toutefois lui révéler mon secret : il m'a déclaré nettement, et avec la brutalité qui le caractérise, que j'avais à m'occuper d'abord de mon avenir militaire. A l'entendre, on ne doit pas songer à prendre femme avant d'avoir atteint sa trentième année. J'ai dû chercher alors un autre protecteur.

— Ah! qui donc?

— Le frère du surintendant des finances.

— Maulevrier, tu le connais?

— Il a été mon colonel à Orléans.

— Un pauvre sire, dit Morcerf.

— Laid comme un singe, reprit un autre...

— Et plus méchant encore, fit un troisième.

— Voyons, que t'a dit le frère de Colbert?

— Il a brisé d'un seul coup toutes mes espérances, en m'apprenant que Sidonia était une héritière immensément riche, et en ajoutant qu'on ne voudrait jamais la donner à un simple officier des gardes.

— Pourquoi donc? Maulevrier est un sot!

— Nulle femme n'est trop riche ni de trop

bonne souche pour un gentilhomme qui a l'honneur de garder la personne du roi.

— C'est vrai, morbleu ! une seconde santé, camarades, à la jolie pensionnaire d'Orléans.

— Buvons à la belle Sidonia.

— Puisqu'elle aime notre ami Du Boulay, il faut qu'elle l'épouse !...

— Oui !... A leur prochain mariage.

En ce moment la porte de la salle du banquet s'ouvrit brusquement, et Comminges parut.

III

Le capitaine des gardes était un personnage de cinquante ans environ, à l'œil rude, au visage hâlé par le séjour des camps.

On reconnaissait, au premier abord, l'homme sans pitié pour les autres, parce qu'il n'en a jamais eu pour lui-même ; le soldat intrépide, au cœur enveloppé d'une couche de bronze, et qui serre avec autant de joie le pommeau de son épée que la main d'un ami.

Comminges devait son grade à cette fermeté brutale.

Pour commander à de jeunes hommes, disposés à céder à toutes les séductions et à suivre le chemin du plaisir de préférence à celui du devoir, on avait fait choix d'un chef capable de leur inspirer de la crainte et de les retenir dans les règles inflexibles de la discipline.

Toutefois, un observateur attentif, en examinant de près le capitaine, eût compris que sous ces rudes dehors ne battait pas un cœur insensible, et que ce caractère avait surtout pour base l'honnêteté et la justice.

Sur les instances de sa famille, Comminges s'était fait le protecteur de son jeune parent.

Dès le premier jour de l'entrée de celui-ci aux gardes, il lui tint ce discours aussi bref que catégorique :

« — Je te reçois dans ma compagnie à condition de marcher plus droit qu'un autre. Si tu bronches, tu peux compter sur une punition double ! »

François du Boulay crut impossible d'ouvrir son cœur à cette nature brusque, à cette âme qui semblait fermée à toutes les délicatesses du sentiment. Il préfera demander ailleurs un appui, ne se doutant pas que la cour était un foyer d'égoïsme et d'intrigue. Maulevrier, mis sur la piste d'une opulente héritière, pensa tout naturellement que la dot énorme de Sidonia de Lenoncourt lui conviendrait beaucoup mieux qu'au jeune officier. Tout aussitôt il décida le ministre à user de son pouvoir, afin d'attirer ces millions dans leur famille.

On envoya sonder l'abbesse de Saint-Loup. Celle-ci déclara que jamais elle ne donnerait son consentement au mariage de sa nièce.

L'aventure nocturne du jardin, dont Sidonia lui avait aisément fait croire qu'elle n'était pas complice, achevait de convaincre la sainte femme que le salut de cette jeune fille, élevée par elle, serait à jamais compromis, si on l'arrachait à sa surveillance. Au sein même de la pieuse maison que sa pupille habite, le démon lui tend des piéges. A quoi donc sera-t-elle exposée, si elle entre dans le monde?

Colbert ne se découragea pas ; nous avons vu quelle diplomatie tortueuse il mit en œuvre pour amener le roi à s'occuper de ce mariage.

Notre officier des gardes était loin de soupçonner de pareilles manœuvres.

Il avait cru Maulevrier parfaitement sincère dans l'objection soulevée au sujet de la fortune de Sidonia. François convenait avec lui-même que cette grande fortune élevait un insurmontable obstacle entre lui et mademoiselle de Lenoncourt. Jamais il ne lui était venu à l'esprit qu'une jeune fille, recluse dans un monastère d'Orléans, pût cacher des millions sous sa robe de pensionnaire. Que dira-t-on, s'il ose poursuivre son but? Ne l'accusera-t-on pas d'avidité? voudra-t-on croire qu'il n'obéit qu'à l'entraînement du cœur?

Ces affligeantes pensées tourbillonnaient dans le cerveau du malheureux jeune homme et lui donnaient cet air sombre, cette profonde tristesse, ce besoin de solitude que ses camarades avaient si mal interprétés, mais dont ils connaissaient maintenant la cause.

Dans un cœur de vingt ans, il est rare qu'un secret d'amour puisse rester enfoui; la sève de jeunesse est trop abondante et s'épanche au dehors.

On comprend que du Boulay n'ait pu résister aux questions de ses nouveaux amis. Leur franchise de soldats, le joyeux entrain de leur caractère, l'offre de leur dévouement, tout provoquait ses confidences ; il les leur fit aussi complètes que possible.

En les entendant blâmer ses scrupules et encourager l'essor de ses prétentions, il se demanda par quelle timidité mal entendue, par quel excès de défiance de lui-même il désespérait de son amour et de son bonheur. Sidonia ne l'a-t-elle pas autorisé pleinement à agir? Qu'importent les obstacles? Il n'en aura que plus de gloire à les vaincre, et la joie du triomphe en sera plus douce.

L'enthousiasme de ses compagnons avait donc passé dans son âme.

Quand son cousin le capitaine des gardes parut au seuil de la porte, François acceptait la santé portée par les convives et trinquait à son hymen futur.

— Corbleu! dit Comminges, vous faites-là, messieurs, un joli vacarme! N'êtes-vous pas aujourd'hui de garde au Louvre, et deviez-vous me forcer à vous relancer jusqu'ici?

— Pardon, capitaine, dit Morcerf; il me semble qu'aucun de nous ne se trouve en faute : nous sommes relevés de faction.

— Silence! je ne vous ai jamais autorisés, que je sache, à interpréter de la sorte la discipline. Actifs ou en repos, chefs ou soldats, tous les hommes de garde restent au poste jusqu'à l'heure ou d'autres piquets viennent les remplacer.

— Mais, capitaine.....

— Assez, vous dis-je! votre devoir était de vous tenir à la disposition du roi.

Comminges, pendant ce dialogue, avait fait le tour de la table; il s'approcha de Du Boulay, sur l'épaule duquel il appuya rudement sa large main.

— Le plus coupable, c'est toi, ventrebleu!

lui dit-il. As-tu donc mis en oubli déjà l'avertissement que je t'ai donné ?

— Mes camarades croyaient être dans leur droit; je les ai suivis, répondit le jeune homme.

— Encore cette absurde excuse !... Flamme et sang !... Je crois, vrai Dieu, qu'ils sont tous ivres !... Mais nous verrons plus tard quelle punition je dois vous infliger. Pour le moment, il s'agit d'exécuter un ordre du roi, messieurs, — un ordre que je suis obligé de venir vous transmettre chez Renard, au milieu des coupes et des flacons.

— Si le roi a besoin de nous, capitaine, dit le vicomte, nous sommes prêts.

— Je voudrais bien voir qu'il en fût autrement! répliqua Comminges. Il faut qu'à l'instant même un de vous monte à cheval, avec douze mousquetaires, que je placerai sous son commandement ; nous avons besoin de tous nos gardes au Louvre.

— Qui désignez-vous, capitaine? demandèrent à la fois les convives, se hâtant d'aller reprendre leur baudrier, qu'ils avaient déposé pour se mettre à table, et leur feutre suspendu au mur.

— Toi! dit Comminges, en frappant de nouveau sur l'épaule de Du Boulay.

— Volontiers, répondit le jeune homme. Quelle sera ma mission?

— D'escorter madame de Navailles; elle va monter en carrosse dans la cour du Louvre.

— Oh! la bonne plaisanterie! firent tout bas les officiers, se regardant l'un l'autre.

— Nous avons mal entendu?

— Escorter madame de Navailles!

— Voilà qui est fort!

— Depuis quand la gouvernante des filles de la reine a-t-elle droit à une garde d'honneur? demanda Morcerf, plus hardi que ses compagnons.

Comminges le toisa d'un œil irrité; puis il dit à François, sans répondre à la question du vicomte :

— Elle part pour Orléans.

— Pour Orléans! répéta Du Boulay, suffoqué.

— Oui, pour Orléans ; qu'y a-t-il là d'extraordinaire? Je te choisis de préférence, puisque tu connais cette ville. Tu n'es pas sans avoir entendu parler de l'abbesse de Saint-Loup?

— De l'abbesse de Saint-Loup! répétèrent tous les officiers, faisant chorus avec Du Boulay.

Celui-ci regarda le capitaine, et son visage se couvrit de pâleur.

— Oui, mille fois oui! de l'abbesse de Saint-Loup!... Que diable ont-ils à jouer ainsi au jeu d'écho? s'écria Comminges, en frappant du pied : de l'abbesse de Saint-Loup, qui a sous sa tutelle une nièce charmante...

— Sidonia! Sidonia! dirent les gentilshommes; mais, cette fois, sans Du Boulay, dont la pâleur ne faisait que s'accroître.

— C'est cela même, Sidonia de Lenoncourt, murmura Comminges, très-supris de les entendre prononcer ce nom. Madame de Navailles est chargée d'enlever, de gré ou de force, cette jeune fille du cloître, et voilà le motif pour lequel Sa Majesté lui donne une escorte, continua-t-il en se tournant vers Morcerf. Êtes-vous à présent moins scandalisé, monsieur?

— Beaucoup moins, capitaine ; mais encore une question, je vous prie : pourquoi Sa Majesté fait-elle enlever cette jeune fille?

— Pour l'amener à la cour, monsieur ; pour lui donner le rang qui lui est dû ; pour la marier enfin à M. de Maulevrier, frère du ministre.

— Maulevrier?... trahison! cria François avec un éclat terrible, en se précipitant vers Comminges.

— Oui, oui, trahison! crièrent après lui tous les autres, trahison infâme!

Ahuri par cette violente clameur, et voyant tous ces jeunes gens l'entourer avec des yeux brillants de colère, Comminges murmura :

— Par Satan, je n'avais pas tort : ils sont ivres !

— Non, capitaine, dit Morcerf, retrouvant du calme ; si nous l'étions, d'ailleurs, ce que vous venez de nous apprendre suffirait pour nous dégriser. Voyez plutôt ce jeune homme, continua-t-il, en montrant François, qui venait de tomber éperdu sur un siège et tenait à deux mains sa tête prête à éclater : ne comprenez-vous pas que vous venez de lui annoncer un malheur ?

— Je ne comprends rien, dit Comminges. Flamme et mort ! avec toutes ces sottises le temps s'écoule ; nous devrions être déjà dans la cour du Louvre.

— Oh! deux mots d'explication vont vous suffire, capitaine.

— Parlez donc vite, et parlez bien.

— François Du Boulay, votre protégé, votre parent, aime Sidonia de Lenoncourt.

— Hein? fit Comminges, bondissant comme s'il eût marché sur un reptile.

— Sidonia lui rend tendresse pour tendresse, ajouta Morcerf.

— Et votre cousin, capitaine, dit un autre, au lieu de s'adresser à vous pour obtenir par votre entremise l'agrément du roi, s'en est allé confier ses amours à ce vilain orang-outang de Maulevrier, qui manœuvre aujourd'hui pour lui souffler la belle.

— Corbleu ! ventrebleu ! tonnerre et mort ! hurla Comminges.

Il alla secouer François, qui demeurait atterré sur son siége.

— Est-ce vrai, tout ce qu'on me raconte-là ? demanda-t-il.

— C'est vrai, répondit le jeune homme.

— Ah ! fort bien !

Comminges reprit à l'instant même un sang-froid plus inquiétant que sa fureur, eu égard à son caractère bien connu des officiers de son corps. Chez lui ce sang-froid subit était toujours le prélude de quelque acte d'autorité rigoureux et inflexible.

— Monsieur le vicomte de Morcerf, dit-il, avec le ton solennel de l'homme qui commande, je vous charge de mettre aux arrêts l'amoureux de Sidonia de Lenoncourt.

Un cri d'indignation s'échappa de toutes les poitrines.

— Paix! cria Comminges; les réflexions et les commentaires vous sont interdits, quand votre capitaine parle.

— Aux arrêts! murmura François : quelle faute ai-je commise? où est mon crime?

— Votre crime, monsieur mon cousin, puisqu'il faut vous dire, est de vous trouver en rivalité directe avec le frère du ministre.

— Maulevrier! le misérable! s'écria Du Boulay, revenant à tous les transports de l'indignation.

— Votre crime est de vous exposer au courroux du roi, dont Sidonia de Lenoncourt est la filleule ; du roi qui veut disposer de la main de cette jeune fille, et auquel vous n'avez pas rendu jusqu'ici d'assez éminents services pour qu'il vous gratifie d'une dot de six millions de livres : voilà votre crime, monsieur! Si vous daignez y ajouter que vous m'exposez moi-même à une disgrâce, vous comprendrez que je ne vous charge plus d'escorter madame de Navailles et que je vous mette, dès à présent, dans l'impossibilité de faire une sottise. Allons vicomte, demandez à François Du Boulay son épée! Vous me répondez de lui sur votre tête; conduisez-le, de ce pas, à la prison du Châtelet.

Comminges termina son discours, en indiquant la porte d'un geste impérieux.

— Soumets-toi, corbleu! soumets-toi! dit Morcerf à voix basse, en s'approchant de Du Boulay et en lui serrant le main. Nous avisons à te tirer de là, — mais, par le ciel, c'est de la ruse qu'il faut ici et non de la résistance !

Il l'entraîna sans lui permettre de répondre.

— A la bonne heure, dit Comminges. Quant à vous, messieurs, ajouta-t-il en s'adressant aux autres gentilshommes, qui restaient debout dans une attitude consternée, vous avez eu l'air de prendre un intérêt trop vif à l'intrigue de mon petit cousin : je ne vous ordonnerai donc ni à l'un ni à l'autre de monter à cheval, et j'accompagnerai moi-même le carrosse. J'aime à croire que vous obéirez au lieutenant en mon absence, autrement vous auriez un compte sévère à me rendre lorsque je serai de retour. Bonsoir, messieurs, bonsoir !

Il sortit et se dirigea précipitamment vers le Louvre, où se passait une scène d'une autre nature.

Louis XIV avait changé de tactique.

Au lieu de donner ses instructions à madame de Navailles, il avait jugé plus convenable de tout expliquer à Comminges, en lui recommandant de choisir pour commander l'escorte un homme dont le capitaine des gardes fût aussi sûr que de lui-même.

Naturellement celui-ci songea à François et se mit à sa recherche.

Après son départ, le roi griffonna pendant quelques minutes sur un parchemin, relut ce qu'il venait d'écrire, signa et fit apposer les sceaux par Lavienne qui, debout derrière son fauteuil, attendait cet ordre.

— Parbleu! dit Louis XIV au valet de chambre, nous avons pris là un parti fort sage. De cette manière, je serai débarrassé des plaintes de la duègne et de ses objections. Comminges pense qu'il vaut mieux laisser tous mes gardes au Louvre et choisir notre escorte dans les mousquetaires ; n'y en a-t-il pas un escadron au Palais-Royal ?

— Oui, sire.

— Prends douze hommes bien montés, qui puissent galoper pendant trente lieues et suivre mes chevaux arabes.

— C'est convenu, dit Lavienne.

— Un instant ! Ne crains-tu pas que la vieille devine le piége ?

— Pourquoi ?

— Ah ! ces respectables matrones ont le nez

fin! Peut-être, à cette heure de nuit, ne voudra-t-elle pas quitter sa chambre.

— Que Votre Majesté se tranquillise. Afin de me prémunir contre un refus, j'irai frapper à la porte de madame de Navailles, en compagnie de mes douze mousquetaires.

— C'est pour le mieux. Va !

Moins d'un quart d'heure après, le valet de chambre, conduisant douze hommes silencieux, traversa la grande galerie du Louvre et se dirigea du côté des appartements de la reine.

De dix pas en dix pas, il était arrêté par des sentinelles qui croisaient la hallebarde; mais il lui suffisait de leur montrer un bout du parchemin dont il était porteur et de prononcer tout bas ces mots magiques :

« Ordre du roi ! »

Aussitôt les sentinelles relevaient leur arme, s'inclinaient respectueusement et laissaient le passage libre.

Lavienne arriva au bout de la galerie, passa devant la porte de la reine et s'engagea dans une multitude de petits corridors qui tournaient autour des appartements, et où tout autre que lui n'eût pu se reconnaître Enfin il atteignit une espèce de porte basse, matelassée de toile grise, comme si elle eût voulu se dissimuler aux regards et se confondre avec la muraille.

— Halte! fit Lavienne.

Il rangea ses hommes de chaque côté de la porte, six à droite et six à gauche, puis il tira le cordon d'une sonnette, dont on entendit retentir à l'intérieur le timbre argentin.

Bientôt la porte s'entrebailla discrètement.

Une figure se montra, ou plutôt ne se montra pas, tant elle était enveloppée de coiffes exagérées et de voiles impossibles.

— Qui êtes-vous? que voulez-vous? est-ce l'heure de sonner à la porte des filles de la reine? dit une voix aigre et chevrotante, sortant de cet amas prodigieux de mousseline, et prouvant qu'il ne cachait ni la jeunesse, ni des charmes bien attrayants.

— Madame, dit Lavienne, il est toujours l'heure de signifier un ordre de Sa Majesté.

— Je ne me trompe pas... c'est encore vous, toujours vous ! cria la voix.

— Ah ! madame, la réflexion n'est pas aimable, dit le valet de chambre avec un salut railleur ; mais je ne viens plus m'informer de la santé de mademoiselle de Mortemart : nous savons que cette précieuse santé n'a jamais été compromise.

— Vraiment, vous savez cela ? j'en suis ravie. A bon entendeur, salut !

Un soubresaut de la mousseline prouva que la duègne riait derrière le nuage de ses coiffes.

— J'ai l'honneur de vous faire observer, madame, que je viens au nom du roi.

— Eh ! je n'ai rien à démêler avec le roi ! mes fonctions m'ont été confiées par la reine, et je dépends de la reine seule.

— Voilà, dit Lavienne, une hérésie très-regrettable ; personne autre que vous n'oserait la soutenir.

— C'est possible, monsieur ; mais, en attendant, je vais me coucher. Bonsoir.

Madame de Navailles, car le lecteur a deviné que c'était elle, referma brusquement la porte au nez du valet de chambre.

Lavienne ne se déconcerta pas ; il sonna une seconde fois, mais beaucoup plus fort.

— Si vous n'ouvrez pas, madame, dit-il au travers de la serrure, et si vous vous obstinez à ne pas me suivre, je vais être dans la pénible obligation d'enfoncer les portes et de faire pénétrer dans l'appartement de vos filles douze mousquetaires, que vous auriez pu voir, si vous aviez un peu plus avancé la tête.

— Douze mousquetaires!... enfoncer les portes! misérable! cria la gouvernante se montrant de nouveau, mais cette fois en dépassant le seuil de la chambre et en venant toiser le valet de chambre avec un courroux plein de défi. Sais-tu que le roi lui-même n'oserait jamais entreprendre ce que tu dis-là!

— J'en conviens, murmura Lavienne

Il eut l'air de reculer devant cette apostrophe menaçante, afin d'attirer la gouvernante au milieu du corridor.

Celle-ci donna dans l'embuscade.

Un signe du valet de chambre aux hommes qui l'accompagnaient fut merveilleusement compris de ces derniers ; ils se glissèrent entre la porte et madame de Navailles, qui vit ainsi la retraite se fermer pour elle.

— Qu'est-ce à dire! vient-on m'arrêter? suis-je prisonnière? balbutia-t-elle avec épouvante.

— Marchons! dit Lavienne à ses hommes. Voulez-vous, madame, accepter mon bras? Il ne s'agit pour vous, je l'affirme, d'aucune chose fâcheuse.

— Mais, monsieur...

— Ah! point de bruit, je vous en conjure, point de scandale. Sa Majesté vous a choisie pour remplir une mission de la plus haute importance.

— Une mission... à neuf heures du soir, quand je suis coiffée de nuit ?

— Vous n'en aurez que plus chaud pour voyager en carrosse.

— Voyager en carrosse, monsieur !

— Oui, madame.

Et Lavienne s'emparant d'autorité du bras de la gouvernante, l'entraîna dans les détours du labyrinthe, laissant ouverte, comme il l'avait promis au roi, la porte du sanctuaire.

— C'est horrible! où me conduisez-vous donc? murmura la pauvre duègne, retenue entre deux haies de soldats, et reconnaissant l'impossibilité de la fuite. Est-ce que nous n'allons pas chez le roi?

— Non, madame, c'est inutile.

— Mais on n'a jamais rien vu de semblable! Qui remplira pendant mon absence les devoirs de ma charge?

— Eh! dit Lavienne, il y a, si je ne me

trompe, une sous-gouvernante des filles de la reine.

— Une sous-gouvernante! une sous-gouvernante! Je ne me fie qu'à moi, monsieur.

— C'est peu flatteur pour la vertu de ces demoiselles.

— Enfin, puisqu'il s'agit d'une mission, Sa Majesté doit avoir des recommandations à me faire, des instructions à me donner?

Lavienne ne répondit pas.

Il aidait alors madame de Navailles à descendre un escalier dérobé, dont l'issue aboutissait à la cour où attendait le carrosse. Presque aussitôt elle sentit l'air extérieur la frapper au visage. Deux grands laquais ouvrirent une portière. Comminges, alors rentré au Louvre, et décidé, comme nous le savons, à commander l'escorte, cria d'une voix retentissante :

— A cheval, messieurs!

En un clin d'œil, tous les mousquetaires furent en selle.

— Vous le voyez, c'est une des voitures du roi, dit Lavienne, saluant madame de Navailles, dont le trouble et l'appréhension étaient au comble ; daignez y monter, je vous prie, et croyez que peu de personnes ont cet honneur.

Il la poussa dans le carrosse, releva le marchepied lui-même ; puis, tirant le parchemin de son pourpoint et le déposant sur les genoux de la duègne, il ajouta :

— Demain, le lever du soleil vous trouvera aux environs d'Étampes ; vous pourrez lire alors vos instructions. Il ne faudra pas vous en écarter d'une ligne. Bon voyage, madame, bon voyage.

Il ferma la portière.

— En route ! cria Comminges.

Le cocher fouetta les chevaux, le carrosse s'ébranla, l'escorte piqua des deux, et l'on sortit au trot par le guichet de l'Ouest, sans que la gouvernante eût trouvé la force de prononcer une parole et d'opposer la moindre résistance. Il n'y avait plus à craindre qu'elle revînt coucher au Louvre.

Cinq minutes après, Sa Majesté Louis XIV poussait la porte restée entr'ouverte de l'appartement des filles d'honneur, afin de s'assurer par lui-même si mademoiselle Athénaïs de Mortemart était réellement à l'article de la mort.

On n'a pas oublié que le vicomte de Morcerf, chargé par Comminges de mener François au Châtelet, n'avait opposé à cet ordre aucune objection, conseillant tout bas au jeune homme de se soumettre.

Ils sortirent ensemble, après avoir payé le festin somptueux si brutalement troublé par le capitaine des gardes et par ses révélations désespérantes.

— Voyons, que vas-tu faire? demanda le vicomte à son ami.

— Je n'ai plus qu'à me passer mon épée au travers du corps, répondit François d'une voix sombre.

— Joli moyen! Ceci aurait l'inconvénient d'être fort indigeste, surtout après un dîner comme celui que tu viens de nous offrir.

— Oh! ne plaisantons pas, vicomte, je vous en conjure!

— D'abord, mon cher, il n'est pas décent de répondre *vous* à un ami dont l'affection croit devoir se servir du *tu* à votre égard. Que cela finisse, ou je me fâche! Raisonnons vite, et raisonnons, s'il est possible, avec une logique différente de celle qu'emploient ordinairement les amoureux : tu le devines à merveille, je ne vais pas t'enfermer au Châtelet.

— Vraiment? dit François, qui s'arrêta court.

— Non, c'est toi qui vas m'y conduire. Allons, ne me regarde pas ainsi d'un air effaré, comme si je t'annonçais que les tours de Notre-Dame ont des ailes et s'envolent sur les hauteurs de Montmartre! Pendant que tu payais Renard, je suis remonté doucement coller l'oreille à la porte du banquet. Sais-tu ce que leur a dit Comminges ?

— Parle... oh! parle, mon ami! dois-je garder de l'espoir ?

— Là! là!... tu me tutoies à présent, c'est déjà mieux. Mais serre la bride à ton imagination, et tâche de ne battre qu'à demi la campagne. Ton cousin, je suis fâché de te le dire, est un égoïste endurci. Dans toute cette affaire, il ne te donnera pas le moindre coup d'épaule. Loin de là. Je suis sûr que Maulevrier ne pourra trouver un homme plus dévoué à ses intérêts.

— Oh! Maulevrier, ce lâche intrigant! Il périra de ma main.

— Ceci est plus dans la question ; nous

allons y revenir. Le capitaine prendra donc le parti de tes adversaires, et je l'ai entendu déclarer que lui-même irait à **O**rléans en ton lieu et place : évidemment, ce ne sera pas pour te servir.

— Non, tout est perdu, murmura François avec douleur.

— Au contraire, tout est sauvé! cria Morcerf. Où donc as-tu l'esprit, vertubleu! Si ton cousin restait au Louvre, est-ce qu'il me serait possible de garder les arrêts pour toi?

— Comment, tu veux...

— Sans doute, rien n'est plus simple. En quoi consistait le danger tout-à-l'heure, je te le demande? S'agissait-il d'autre chose que de tu feras perdre du temps aux Colbert, et tu as dans les gardes vingt ou trente camarades, qui ont, Dieu merci, bec et ongles, et dont Maulevrier ne se dépêtrera pas aisément. L'abbesse avertie, Sidonia disparue, remonte à cheval, échappe à l'œil de Comminges, et viens me redemander ta place ; je te la rendrai de grand cœur. Monsieur ton cousin, te retrouvant à garder les arrêts, ne pourra qu'être émerveillé de ta soumission et de mon obéissance.

A ces mots, le vicomte frappa trois coups à la grande porte du Châtelet, devant laquelle ils étaient arrivés.

Deux heures plus tard, Comminges trottant sur la route aux portières du carrosse qui renfermait madame de Navailles, vit passer à sa droite un cavalier, dont la noire silhouette se dessina très-vaguement et disparut presque aussitôt dans l'ombre.

Le bruit des roues et le trot de la cavalcade ne lui avaient pas permis de l'entendre galoper derrière l'escorte.

— Oh! oh! murmura le capitaine des gardes, voilà un gaillard qui est plus pressé que nous!

— Nous approchons du Châtelet : tu vas ordonner d'abord qu'on m'y retienne.

— Oui, — mais après, mon ami, après ?

— Tu iras à l'hôtel de Morcerf, et tu prendras le meilleur coureur des écuries de mon père. Il suffira pour cela de présenter deux lignes que je vais écrire.

Le vicomte s'arrêta au-dessous d'une lanterne suspendue à l'extrémité du Pont-au-Change, il tira de sa poche des tablettes et y traça rapidement ces mots au crayon :

« Donnez à François Du Boulay, Marc-Antoine, mon cheval isabelle, qu'il ramènera dans deux jours.

« Adrien de Morcerf »

— Eh bien! devines-tu maintenant? poursuivit-il en frappant sur l'épaule de François. Il s'agit d'enfourcher Marc-Antoine et d'arriver à Orléans avant madame de Navailles et Comminges. La supérieure de l'abbaye de Saint-Loup te garde rancune; mais elle oubliera tout, lorsque tu viendras lui dire : « Cachez votre nièce et mettez-là promptement en sûreté, car on vient vous l'enlever de la part du roi ! »

Du Boulay se jeta dans les bras du vicomte, en s'écriant :

— Merci! merci! tu es mon sauveur!

— Il est certain que ton mariage ne sera pas conclu pour cela avec la jeune fille; mais ne pas manquer à la discipline ? On ordonne à un officier des gardes de mener un de ses camarades en prison, fort bien! pas de résistance ; nous obéissons sans murmure, et nous prenons le chemin du Châtelet. Mais le geôlier pourra-t-il savoir qui de nous deux doit emprisonner l'autre?... Hein! comprends-tu maintenant?

— O généreux ami ! cher vicomte !...

— Ne perdons pas le temps en exclamations inutiles. Tu me laisseras sous les verrous, et tu resteras libre. Voyons l'usage que tu feras de ta liberté.

— J'irai jeter un cartel à la face du frère de Colbert.

— Ensuite ?

— Je le forcerai à se battre, jusqu'à ce que l'un de nous tombe mort.

— A merveille. Et si Maulevrier refuse de mesurer son épée contre la tienne?

— Par Satan ! je l'assassinerai plutôt.

— De mieux en mieux. Tu te mettras sur les bras une affaire pitoyable, une affaire de meurtre ; tu me laisseras en cage. Au retour de Comminges, on m'accusera d'être ton complice, et, si la jolie pensionnaire échappe à Maulevrier défunt, ce ne sera pas à ton profit, est-ce clair ?

— Malheur ! cria François ; mais alors que conseilles-tu ?

IV

On est à la fin d'avril.

Les matinées ont encore beaucoup de fraîcheur, et deux énormes bûches flambent dans la cheminée d'un haut salon gothique, où mystérieusement aux fenêtres de la cellule, et Sidonia comptait bien qu'on ne le découvrirait pas.

Elle avait eu l'habileté d'envoyer un dernier message au jeune homme, et celui-ci, après avoir quitté la ville, s'occupait sans doute à Paris des moyens les plus prompts d'arriver au mariage souhaité. Rien n'était plus simple, dans l'esprit de Sidonia, que cette négociation, au bout de laquelle rayonnait la brillante perspective d'une présentation à la cour. Sa tante n'a pas le droit de la retenir au cloître, où elle s'ennuie à périr, et où jusqu'alors elle n'a eu d'autre joie que de rêver l'heure où elle cesserait d'être prisonnière.

L'abbesse ne crut pas utile d'annoncer à

Sidonia la démarche faite par le ministre.

Au sens de la vénérable religieuse, il y avait là de quoi éblouir une imagination de quinze ans. Son projet bien formel était de mettre obstacle à toutes les tentatives de la cour pour arracher sa nièce à la retraite. Elle craignait avec raison que Sidonia, instruite de ces tentatives, n'en devînt aussitôt complice. Agissait-elle dans l'intérêt exclusif du salut de la jeune fille, ou, comme le supposait Colbert, les six millions d'héritage avaient-il pour la sainte femme un charme particulier?

Voilà ce qu'auront à décider nos lecteurs, après avoir assisté aux scènes qui vont suivre.

leurs grâces délicates et leur douce langueur.

Nous sommes en présence de l'abbesse de Saint-Loup et de sa nièce.

Sidonia de Lenoncourt entre dans sa seizième année. On comprend que sa tante exerce un surveillance rigoureuse et défende à la séduction d'approcher d'une jeune fille, que la nature a comblée de dons aussi précieux. Toutefois, comme nous le savons, la sainte femme n'a pu complètement réussir : les murs de l'abbaye n'ont pas eu assez d'élévation pour empêcher François Du Boulay de jeter par dessus le fil porteur de sa correspondance, ainsi que l'échelle de corde au moyen de laquelle il était venu tomber aux genoux de la pensionnaire.

Depuis l'aventure nocturne du jardin, Sidonia jouait avec l'abbesse un rôle de diplomatie féminine, que celle-ci prenait pour de la candeur, et qui, chez la coquette enfant, n'était que le comble de la finesse.

Toutes les questions de sa tante la trouvèrent calme et froide.

Elle ne laissa pas échapper la moindre partie de son secret, ne prononça pas une parole qui pût mettre les espions du couvent sur la trace de François, et réussit à donner à toutes les personnes qui l'entouraient la conviction profonde de son innocence.

On n'avait pu découvrir encore le nom du téméraire surpris par l'abbesse à frapper deux femmes assises, l'une devant le feu, l'autre auprès de la fenêtre, se livrent à des occupations toutes différentes.

Celle qui appuie ses pieds sur les grands chenêts de bronze lit pieusement dans un livre d'heures, récite des psaumes et fait de nombreux signes de croix.

Sa compagne, moins frileuse et moins dévote, caresse une jolie perruche au corsage d'émeraude, lui présente des dragées entre ses lèvres et entretient avec elle une conversation suivie.

La première de ces femmes a cinquante ans environ ; sa figure est grave, pâle, solennelle.

Quant à l'autre, mignonne et gracieuse enfant, toute fraîche et toute rose, elle offre l'expression la plus accomplie des charmes de la jeunesse et de la beauté. Ses yeux, à demi voilés par de longs cils d'ébène, laissent échapper le plus doux regard du monde ; son front, son nez, sa bouche, tous les contours de son visage se dessinent avec une pureté de lignes exquise. Mollement étendue dans un vaste fauteuil, son petit pied posé sur un coussin de tapisserie, la tête inclinée en arrière, et souriant à l'oiseau qu'elle tient perché au bout de sa main fine et blanche, elle ressemble à un de ces délicieux pastels que Watteau peignit un demi-siècle plus tard, et qui reproduisent si fidèlement nos charmantes aïeules, avec leurs attraits piquants,

Sidonia était en train d'offrir à la perruche une praline, que celle-ci grignotait entre les lèvres vermeilles de sa jeune maîtresse, lorsque Marie de Lenoncourt prononça tout à coup un *amen* sonore et ferma son livre d'heures.

— Ah! miséricorde! s'écria la jeune fille bondissant dans son fauteuil, vous m'avez effrayée, ma tante.

Elle déposa l'oiseau sur un perchoir en palissandre et vint embrasser la supérieure, qui se dérida devant ses caresses.

— Vous m'avez fait appeler, reprit Sidonia, et je n'ai pas osé vous dire bonjour en entrant : je vous voyais en train de réciter votre ennuyeux bréviaire...

— Bon! tu as craint de me donner des distractions, peut-être?

— Oui, ma tante.

— Je ne m'en serais pas doutée, mignonne, car voilà près d'une demi-heure que tu bavardes avec Pierrette.

C'était le nom de la perruche.

— Ah! c'est qu'aussi Pierrette ne dit point de bréviaire! s'écria la jeune fille avec un grand éclat de rire.

Elle roula un coussin jusqu'aux genoux de l'abbesse et s'y accroupit comme une chatte, en tournant vers elle ses grands yeux remplis d'une expression moqueuse.

— Sidonia! je vous ai pourtant avertie de ne jamais plaisanter avec les choses saintes.

— Mon Dieu! je ne plaisante pas... Voyez le grand malheur!... ne peut-on rire un peu? Allons, ma tante, ne grondez plus, ajouta-t-elle en câlinant, et prenez une de ces pralines. Si j'avais écouté Pierrette, la gourmande aurait tout croqué.

— Merci, ma fille; c'est aujourd'hui jeûne.

— Ah! par exemple, voilà qui est fort! dit Sidonia, se redressant comme une gazelle et courant au perchoir, où elle reprit l'oiseau. C'est aujourd'hui jeûne, Pierrette! Ne comprends-tu pas quel péché tu viens de commettre, malheureuse?... Voyons, quel âge as-tu?.. parle. Si j'ai bon souvenir, on m'a dit que tu avais été rapportée du Brésil à l'époque de l'élévation de ma tante à la dignité d'abbesse, — il y a plus de vingt-cinq ans. Et je n'en ai pas encore seize, moi! Je ne suis pas astreinte au jeûne; mais vous, mademoiselle, fi!... Pourquoi venez-vous de manger des pralines?... Allez vous confesser, vilaine!

Tout en se livrant à cette singulière boutade, Sidonia frappait de son doigt sur le bec de l'oiseau, qui poussait des cris aigus et semblait se révolter contre les reproches qu'on lui adressait.

— Voyez, ma fille, dit l'abbesse, voyez le cas que vous faites de mes observations!

— Daignez m'excuser, ma tante; je n'y songeais plus.

— Asseyez-vous, Sidonia, et prêtez-moi, s'il vous plaît, une oreille attentive; j'ai une communication à vous faire, une communication de la nature la plus sérieuse.

— Vrai?... s'écria la jeune fille, reprenant sa place aux genoux de la supérieure; j'écoute alors. Ah! dit-elle presque aussitôt en battant des mains, je devine. On est venu me demander en mariage.

— Eh bien! mademoiselle, eh bien!... Que signifient de pareils discours! Vous êtes folle! Je prie Dieu, ma pauvre enfant, qu'il te préserve du malheur d'entrer dans le monde.

— Pourquoi, ma tante?

— Parce qu'on s'y damne infailliblement, dit l'abbesse.

— Oh! je n'en crois pas un mot, répliqua la jeune fille : c'est un bruit que les religieuses font courir.

— Bonté du ciel! s'écria la supérieure, est-ce ma nièce qui tient ce langage?

— Mais oui, ma tante. En quoi suis-je répréhensible?

— Tu as raison, dit Marie de Lenoncourt, faisant un effort pour reprendre du calme ; je donne trop d'importance à des paroles qu'explique suffisamment ton étourderie.

— Ainsi, murmura Sidonia avec un soupir, personne n'est venu vous demander ma main.

— Encore?... Mais c'est inconvenable! le démon s'en mêle. Il y a là-dessous un piége de l'esprit tentateur. O ma fille bien-aimée! n'oublie pas que j'ai pris à tâche de t'élever pour le ciel et non pour l'enfer!

Ce disant, l'abbesse attira dans ses bras la jeune fille et la couvrit de larmes et de baisers.

— Pauvre chère colombe !... oh! non, tu ne me quitteras pas: j'en mourrais de douleur ! Tu resteras dans cette pieuse maison, tu y resteras toujours.

— Toujours?... Mais c'est impossible.

— Vous ne m'aimez donc pas, Sidonia; vous voulez payer mon dévouement par l'abandon, ma tendresse par l'ingratitude ?

— Oh ! ma tante, ma bonne tante, ne parlez pas ainsi ! Je puis n'avoir aucune vocation pour la vie du cloître et vous aimer néanmoins de toutes les forces de mon cœur.

— Mais cette vie du cloître, ma chère enfant, c'est le salut.

— Pour d'autres natures que la mienne, dit Sidonia, je vous l'accorde; quant à moi, je ne me sens point appelée à une perfection si haute.

— Eh bien, mademoiselle, dit l'abbesse, essuyant ses larmes et prenant tout à coup un visage sévère, nous aurons recours à l'autorité, puisque l'affection ne peut rien sur vous.

— A l'autorité, ma tante ? Je ne comprends pas.

— Ce soir même vous quitterez la robe de pensionnaire pour l'habit de novice.

— Moi? dit Sidonia supéfaite.

— Et vous commencerez, sous la direction de notre père confesseur, une retraite de huit jours, au bout de laquelle vous me tiendrez, j'espère, des raisonnements plus convenables.

— Jamais, ma tante, jamais! cria résolument la jeune fille.

— Prenez garde, Sidonia; vous me devez obéissance et soumission.

— Quand vous avez juré de me rendre malheureuse? non, ma tante. Au lieu de votre habit de novice, je veux un habit de cour; au lieu d'un confesseur, je veux un mari.

— Mais c'est indigne; Satan lui-même parle par sa bouche, dit la supérieure.

—Je suis noble, madame, je suis riche; on vous a confié mon éducation, mais on ne vous a pas donné le droit de me séquestrer sous des grilles. Si vous employez la résistance, quelqu'un me défendra.

— Qui donc?

— Un homme dont je suis aimée ma tante.

— Ah! ciel! cria l'abbesse.

Elle se signa trois fois, joignit les mains et regarda sa nièce avec terreur.

— Oui, reprit Sidonia; vous m'obligez à vous faire un aveu que je n'avais pas cru jusqu'ici nécessaire : j'attendais qu'on vous eût adressé la demande en mariage, pour vous dire que je rends à cet homme affection pour affection.

— Mon Dieu! la malheureuse est perdue! dit Marie de Leuoncourt au désespoir.

En ce moment, on frappa discrètement à la porte.

Charmée de couper court à l'entretien, Sidonia se hâta d'aller ouvrir. Maître Bernard, le jardinier du couvent, personnage à la figure joyeuse et rubiconde, entra sur la pointe du pied, salua jusqu'à terre, et dit mystérieusement à la supérieure :

— Enfin, madame, je vous apporte des nouvelles.

Marie de Lenoncourt, encore sous l'impression de stupeur que venaient de lui causer les discours de sa nièce, regarda maître Bernard d'un œil égaré.

— Ne devinez-vous pas de quoi il s'agit, madame?

— Parlez, dit Sidonia, nous le saurons.

— C'est juste, répondit le jardinier. A force d'informations et de recherches, nous avons découvert dans la maison voisine, à une chambre au troisième étage, l'échelle de corde qui a dû servir à escalader les murs du couvent.

Un double cri s'échappa de la poitrine de la tante et de la nièce.

— Ah! fort bien! dit Marie de Lenoncourt, se levant et désignant par un geste impérieux la porte à la jeune fille. Laissez-nous, mademoiselle!

— Non, vraiment, je reste, car ceci me concerne, répondit Sidonia avec une intrépidité singulière. Maître Bernard vient vous annoncer des choses que je puis vous révéler tout aussi bien que lui, et avec plus de détails. Voyons, ajouta-t-elle, en se tournant vers le jardinier, cette chambre au troisième étage ne donne-t-elle pas sur le jardin des pensionnaires?

— Oui, précisément, répondit maître Bernard.

— Elle était habitée par un jeune enseigne au régiment de l'Orléanais.

— Comme vous le dites, mademoiselle.

Sidonia regarda sa tante et reprit :

— C'est le jeune homme dont je vous parlais à l'instant même. Sa famille est de noble souche; il a du mérite, des qualités et de l'honneur; son nom, madame, est François Du Boulay.

— Rien de plus exact, murmura maître Bernard confondu; mais comment pouvez-vous savoir tout cela, mademoiselle?

La jeune fille ne répondit pas.

Elle alla prendre la main de la supérieure, qui venait de retomber sur son fauteuil, en poussant une exclamation douloureuse.

— Ma tante, lui dit-elle à voix basse, ayez du calme, je vous en conjure! Vous saurez tout; mais je ne puis entrer dans de plus longues explications devant Bernard. Renvoyez-le.

— Non! cria l'abbesse, sortant de son abattement, et rendue tout à coup à l'indignation et à la colère; il ne sera pas dit que, par une condescendance coupable, j'aurai contribué à la perte d'une âme qui m'est confiée!

Elle écarta brusquement Sidonia, courut s'asseoir à un bureau, placé à l'un des angles du salon, traça quelques lignes à la hâte, et dit à maître Bernard :

— Vous allez porter cette lettre au bailli de la ville.

— Oh ! ma tante !... du scandale, y songez-vous ?

— Il y a eu escalade, violation d'un monastère ; ce sont des crimes que la loi a prévus, et que la loi châtie, ma nièce.

— Alors, dit Sidonia, parlant toujours à voix basse, le châtiment que vous provoquez. madame, tombera sur moi seule ; car François Du Boulay est à l'abri de vos atteintes.

Marie de Lenoncourt tressaillit.

— Où est le coupable ? demanda-t-elle à Bernard ; l'as-tu vu ?

— Non, madame ; il a quitté la province,

et sans doute il se gardera bien d'y reparaître.

La supérieure poussa un soupir, où le regret d'être privée de sa vengeance semblait avoir moins de part que le contentement d'apprendre la fuite de l'amoureux, et l'impossibilité où il était de renouveler ses tentatives.

Mais presque aussitôt un tumulte inusité retentit dans les corridors voisins.

Plusieurs nonnes accoururent, à demi-suffoquées, et dirent à l'abbesse :

— Un homme ! révérende mère, un homme dans le cloître ! il a forcé les portes et prétend vous parler sans retard ; il est à notre suite, — le voilà !

François Du Boulay parut au seuil de la chambre et salua profondément Marie de Lenoncourt.

Au cri de saisissement que poussa la jeune fille, sa tante comprit tout et s'élança comme une lionne à la rencontre de l'audacieux visiteur.

— Sortez, monsieur, sortez ! dit-elle avec fougue... Ou plutôt non !... Bernard, à moi !... Sœur Angèle, fermez toutes les portes ; que la tourière aille prévenir le bailli !

— Pardon, madame, il y a méprise, dit François. Je ne suis pas un ennemi, et je viens de faire trente lieues à franc étrier pour vous apporter un avis de la dernière importance.

Regardez plutôt mes vêtements poudreux! Si j'ai eu des torts, la démarche que je fais aujourd'hui les répare. J'arrive seul, je me livre à votre merci : puis-je vous donner une meilleure preuve de la loyauté de mes intentions?

— C'est vrai, dit Sidonia, qui, le premier moment de surprise passé, retrouvait un sang-froid incroyable. Écoutez M. Du Boulay, ma tante, et prenez garde surtout de livrer à des oreilles étrangères un secret qui doit rester entre vous et moi.

L'abbesse parut vivement impressionnée par ces dernières paroles. Néanmoins, elle fit signe aux témoins de cette scène de ne pas quitter la place.

— Parlez, dit-elle au jeune homme ; de quoi s'agit-il ?

— Vous n'avez pas une minute à perdre, madame ; les gens du roi viennent enlever votre nièce, répondit celui-ci précipitamment.

— M'enlever ! murmura Sidonia, dont les grands yeux exprimèrent la curiosité plutôt que la frayeur.

— Allons donc, dit l'abbesse, quelle folie ! Pensez-vous, monsieur, nous en imposer avec de pareils contes ?

— Je vous proteste, madame, que j'ai tout au plus sur eux l'avance d'une demi-heure ;

car, malheureusement, mon cheval s'est abattu de fatigue à une lieue de la ville, et, cette lieue, j'ai dû la faire à pied. Pour peu que Comminges et ses mousquetaires aient pressé le pas, ils vont arriver d'un moment à l'autre.

— Des mousquetaires! On ose envoyer des mousquetaires dans un couvent de religieuses!

— Oui, madame..... Et tenez, n'est-ce pas le bruit d'une cavalcade? Ne distinguez-vous pas le bruit d'un carrosse? Au nom du ciel, cachez votre nièce, cachez-la vite!., ce sont eux! Permettez-moi de me dérober moi-même à leurs regards, attendu qu'en venant ainsi vous prévenir et vous mettre sur vos gardes, je risque ma liberté.

— Là, monsieur, dans ce cabinet, dit l'abbesse, montrant une porte au fond du salon ; vous y trouverez une fenêtre qui ouvre sur les jardins. Bernard vous accompagnera ; je lui ordonne de ne pas vous quitter d'une seconde, et malheur à vous, si tout ce que vous venez de dire n'a été qu'un prétexte pour pénétrer dans cette maison !

Du Boulay disparut, sans jeter un coup d'œil sur Sidonia, tant il craignait que la tante ne prît pas au sérieux sa révélation.

Mais le doute devenait impossible.

C'était bien madame de Navailles et son

escorte qui entraient dans la cour de l'abbaye.

Une foule de religieuses, effarouchées à l'aspect des mousquetaires, vinrent grossir le nombre de celles qui se trouvaient déjà dans le salon de la supérieure. Mille avis différents furent donnés à Marie de Lenoncourt; mille opinions contradictoires se croisèrent, et le bavardage des nonnes fit prodige, au moment où l'action était indispensable et où parler devait nécessairement tout perdre.

Au milieu de ces femmes ahuries et frémissantes, une seule se montrait calme et ne comprenait pas l'émoi causé par cette aventure.

C'était Sidonia.

L'explication rapide donnée par Du Boulay ne l'avait satisfaite en aucune sorte. On veut la faire sortir du couvent, la faire sortir par ordre, et il s'y oppose ! que signifie ce mystère ; n'est-ce pas ce qu'il doit désirer le plus, ainsi qu'elle? où sont leurs espérances, tant qu'il y aura des grilles entre eux et des verrous? Il est impossible que cette démarche du jeune homme et ses discours, tout sérieux qu'ils paraissent, ne couvrent pas une ruse

Le parti de Sidonia fut arrêté à l'instant même.

Quand on voulut l'entrainer, par des corridors sombres, dans une de ces cachettes mystérieuses que les cloîtres possédaient alors, elle résista de la façon la plus énergique, déclarant qu'il fallait connaître, avant tout les intentions du roi à son égard.

Marie de Lenoncourt eut beau supplier, menacer, rien ne put vaincre l'obstination de sa nièce, et, lorsque madame de Navailles, suivie de Comminges, pénétra dans le salon, Sidonia fut la première à courir au-devant d'eux et à leur présenter des siéges.

V

Entraînée, au moment où elle allait se mettre au lit, et dans le costume que nous savons, la gouvernante des filles de la reine ne s'était pas montrée de fort belle humeur au début du voyage. Comme on ne l'a pas oublié, le valet de chambre du roi, profitant du trouble de la pauvre duègne et ne lui permettant ni réflexions, ni commentaires, l'avait mise en voiture presque à l'improviste.

Quand elle revint de sa stupeur et voulut réclamer contre cette violence, il n'était plus temps.

Le carrosse roulait avec rapidité dans les rues déjà silencieuses, et les mousquetaires, lancés au galop, n'écoutaient pas les exclamations désolées que la gouvernante leur jetait, en passant la tête à la portière.

— Taisons-nous! dit brusquement Comminges; nous causerons demain à Orléans, madame.

— A Orléans ? vous me conduisez à Orléans ; mais c'est horrible !

— Vous vous expliquerez au retour avec Sa Majesté, répliqua le capitaine des gardes. Allons, cocher, plus vite, songe que tu conduis les chevaux du roi.

Madame de Navailles eut un instant l'idée de se précipiter sous les roues ; néanmoins, elle reprit assez de sang-froid pour ne pas donner suite à cette fantaisie périlleuse.

Bientôt les ormes de la route, dont les branches tordues et grimaçantes se dessinaient sur le clair-obscur du ciel, lui prouvèrent qu'on l'emportait effectivement hors de Paris.

Quelle pouvait être cette mission improvisée, pour laquelle on ne lui avait donné aucune instruction verbale ; quel était le motif de ce brusque voyage ? La gouvernante ne s'en doutait en aucune sorte et froissait convulsivement le parchemin que Lavienne lui avait glissé à l'heure du départ, en lui jetant cette phrase ironique :

— « Vous lirez ceci au lever du soleil, dans
« les environs d'Étampes. »

Or, cet écrit mystérieux, est-ce un ordre d'exil ? Louis XIV, irrité des obstacles que madame de Navailles dresse à l'encontre de ses projets de séduction, veut-il la punir de son excès de délicatesse, lui ôter sa charge et

la donner à quelque dame de la cour, moins
scrupuleuse et plus complaisante?

Il y avait là de quoi lui inspirer de vives
inquiétudes.

Aussi ne dormit-elle point de la nuit. Elle
profita du premier rayon du jour qui lui
arriva par les glaces du carrosse pour prendre
connaissance du parchemin ; et, quand elle
eut terminé cette lecture, elle laissa échapper
un soupir de satifaction.

— Bien joué, sire! murmura-t-elle. A présent, je devine tout ; mais vous ne profiterez
pas de cette victoire passagère ; la reine saura
pourquoi vous m'avez choisie, de préférence à
trente ou quarante dames d'honneur, qui

eussent aussi bien que moi accompli cette mission.

Elle se trouvait heureuse d'en être quitte à si bon compte. Certaine de prendre, à son retour au Louvre, et plus tôt, s'il était possible, une revanche éclatante, madame de Navailles abaissa les glaces et dit à Comminges :

— Arriverons-nous bientôt, monsieur ?

— Je l'ignore, madame ; les chemins sont détestables, répondit le chef de l'escorte ; nous faisons tout au plus deux lieues à l'heure.

— Vous devez être accablé de fatigue, dit la vieille, préoccupée par une idée qui venait de lui surgir, et qui avait rapport à sa rancune contre le roi : ne voulez-vous pas monter dans le carrosse et me tenir un instant compagnie?

— Bien obligé! fit le capitaine avec sa voix d'ogre.

Il voyait les mousquetaires, qui le lorgnaient à la dérobée et riaient sous leur moustache.

— Vous êtes peu galant, monsieur, dit la gouvernante. Ainsi, nous allons enlever mademoiselle de Lenoncourt, et vous êtes chargé de me prêter main-forte en cas de résistance?

— Oui, madame, nous ferons au besoin le sac du couvent.

— Vous remarquez sans doute combien

ma toilette est peu décente pour me présenter chez l'abbesse de Saint-Loup. Je connais à Orléans la baronne d'Estourville; soyez assez aimable pour me conduire chez elle, afin que je lui emprunte une robe et des coiffes.

— Non, madame; ceci n'est plus dans mes instructions.

— Mais je suis ridiculement vêtue, regardez plutôt.

— Bah! fit Comminges, nous dirons à l'abbesse et à ses nonnes que vous portez les modes les plus nouvelles, madame; elles nous croiront sur parole, je vous l'affirme. D'ailleurs, on ne doit plus avoir de coquetterie... à notre âge.

— Impertinent! murmura la duègne.

Elle referma la portière, mais pas assez tôt pour que les rires étouffés de l'escorte ne lui arrivassent point.

— Ah! sire! vous me paierez tout cela, grommela-t-elle entre ses dents, et mademoiselle de Mortemart sera bien habile, si elle peut continuer, moi présente, l'intrigue que vous nouez sans doute pendant mon absence forcée.

Madame de Navailles se consola du refus de Comminges, en songeant que, si elle ne pouvait voir madame d'Estourville, elle pouvait du moins lui écrire et la décider à envoyer un courrier à la reine, dans le cas où les pour-

parlers avec l'abbesse nécessiteraient un epro-
longation de séjour au couvent.

Le voyage s'acheva sans autre épisode.

Midi sonnait, comme le carrosse entrait à Orléans. Dix minutes après, il s'arrêtait devant l'abbaye de Saint-Loup, dont les grilles ne purent résister à un ordre de la cour.

En pénétrant dans le salon de la supérieure, madame de Navailles prit place avec une gravité magistrale sur le fauteuil que lui offrait Sidonia; puis elle déploya le parchemin, et lut à haute voix ce qui suit, sans autre préambule qu'une sèche et froide inclination de tête :

« Ordre exprès à Marie de Lenoncourt, très-
« digne et très-vénérable abbesse, de prendre
« immédiatement congé de Sidonia de Lenon-
« court, sa pupille, et de la remettre aux
« mains de Claire-Félicité de Croissy, du-
« chesse de Navailles, gouvernante des filles
« d'honneur de la reine.

« Comminges, notre capitaine des gardes,
« est chargé d'assurer l'exécution du présent
« ordre.

« En vertu de notre autorité royale, nous
« entendons être seul maître de pourvoir au
« sort de Sidonia de Lenoncourt, que nous
« avons tenue sur les fonts baptismaux, et
« dont, par cela même, nous avons le droit

« de nous déclarer le tuteur et l'unique
« soutien.

« Donné en notre palais du Louvre, le
« 27 avril 1663. »

« Signé Louis. »

— Mais c'est odieux!... mais on n'a jamais eu exemple d'un despotisme semblable! cria l'abbesse, rendue presque folle par tant d'émotions successives. Allez dire à Sa Majesté qu'elle s'arroge un droit menteur, et que je refuse obéissance.

— J'ai l'honneur, très-sainte mère, dit Comminges, de vous prévenir que douze soldats stationnent à la porte de cette chambre, prêts à obtenir de force et par le scandale ce que vous pouvez nous accorder de bonne grâce.

— O mon Dieu! protégez-nous murmura l'abbesse avec des sanglots.

— Je vous en supplie, ma bonne tante, ne vous désolez pas de la sorte, dit Sidonia : qu'ai-je à craindre ? où est le danger ? vous ne m'avez jamais appris que le roi fût mon parrain. Ce titre lui donne, en effet, l'autorité de mon père qui n'est plus.

— Mais ton âme, ta pauvre âme, que deviendra-t-elle ? s'écria Marie de Lenoncourt au désespoir.

— Oh! rassurez-vous, ma tante, je n'oublierai pas les leçons de sagesse et de vertu que vous m'avez données.

— Tu ne les oublieras pas, malheureuse enfant, — hélas! peux-tu donc en répondre, quand tu vas être lancée dans cette cour maudite, où l'on reçoit de si funestes exemples, où le roi lui-même...

— Assez, madame, interrompit rudement Comminges. J'ai commandé qu'on attelât des chevaux frais au carrosse, et je vous donne dix minutes pour faire vos adieux à votre nièce.

— Dix minutes... miséricorde! Vous ne parlez pas sérieusement, monsieur, dit Marie de Lenoncourt, dont les sanglots redoublèrent.

— Puis, se tournant vers les religieuses, qui se tenaient au fond de la pièce dans une attitude consternée :

— Rendez-vous toutes à l'oratoire, mes sœurs, ajouta-t-elle, et priez Dieu qu'il nous vienne en aide, car les hommes sont inflexibles.

— Un instant, mesdames, un instant! s'écria le capitaine des gardes; nous savons que la ruse et l'habileté sont filles du cloître : permettez-moi d'examiner d'abord cet appartement et de me rendre compte de toutes les issues qui peuvent y aboutir.

Cela dit, Comminges procéda minutieusement à l'examen des différentes pièces occupées par la supérieure.

Il entra dans le cabinet par où François venait de s'échapper avec maître Bernard. Une fenêtre sans barreaux donnaient effectivement sur les jardins.

Appelant quatre de ses hommes, il leur commanda d'aller se placer en dehors, dans le voisinage de cette fenêtre, et de mettre obstacle de ce côté à toute tentative d'évasion ; puis, une fois assuré que la supérieure et sa nièce étaient bien ses prisonnières, il permit aux religieuses de sortir. Elles passèrent au milieu de l'escorte rangée sur deux lignes à la porte du salon.

Cependant Marie de Lenoncourt tenait Sidonia pressée contre son cœur et la baignait de ses larmes.

— Oh ! soyez tranquille, monsieur, dit-elle à Comminges, nous n'essaierons pas de fuir ! Exécutez l'ordre du roi ; faites tout préparer pour le départ ; j'accompagne ma nièce.

— Pardon, madame, pardon, — c'est absolument impossible.

— Et pourquoi cela ? dit l'abbesse ; je n'outrepasse pas mes droits, ce me semble ?

— Voici, dit Comminges, qui désignait en même temps madame de Navailles, une respectable personne spécialement chargée de servir de chaperon à la filleule de Sa Majesté ;

donc, il est inutile, très-sainte mère, que vous preniez la peine de faire le voyage. Les dix minutes sont écoulées, ajouta-t-il en tirant sa montre ; partons,

— Sans moi, jamais! cria Marie de Lenoncourt. Ou vous me permettrez de suivre ma nièce, ou vous nous tuerez ici l'une et l'autre !

Comminges recula devant cette apostrophe énergique.

— Ah ! dit la supérieure, tombant aux genoux de madame de Navailles, pourquoi ne prenez-vous pas ma défense? Vous êtes sensible, vous êtes femme... Puis-je abandonner une enfant si jeune aux dangers qui l'assiégeront à la cour?

— Je vous promets de veiller sur elle, dit la gouvernante.

— Laissez-moi vous suivre, madame, oh! je vous en conjure !

— Hélas, ce n'est pas moi qu'il faut supplier, révérende mère, moi qui suis, ainsi que que vous, contrainte d'obéir ; moi qu'on a brusquement enlevée hier soir, et que vous voyez en robe de chambre et en bonnet de nuit.

— Mousquetaires, à moi ! cria Comminges.

Les soldats rangés dans le corridor entrèrent aussitôt. Marie de Lenoncourt poussa un cri perçant et tomba sans connaissance.

— Messieurs, un peu de pitié! dit Sidonia très-émue. Je suis prête à obéir au roi ; mais, au nom du ciel, ménagez ma tante, ma seconde mère...

— Elle se consolera, dit Comminges. Mon avis est qu'il faut profiter de cet évanouissement pour monter en voiture. Je vous prie, mademoiselle, de ne plus opposer aucune résistance, ou nous aurons le regret d'employer la force.

Il fit signe à madame de Navailles d'emmener la jeune fille.

Celle-ci, avant de s'éloigner, courut à Marie de Lenoncourt étendue sans mouvement sur un fauteuil.

— Oh! pardonnez-moi, ma bonne tante, pardonnez-moi de vous quitter ainsi! murmura-t-elle avec angoisse; mais je ne suis pas digne de rester avec vous, et la vie du cloître me pèse... Adieu! adieu!

— Fort heureusement, pensa Comminges, cette petite nous seconde avec une bonne volonté surprenante.

Il appela deux novices qui passaient devant le salon, leur montra l'abbesse évanouie et se hâta d'entraîner Sidonia.

Deux minutes après, on montait en carrosse.

Mais, au moment où le cocher fouettait son

attelage, les traits se trouvèrent trop courts ; un des chevaux s'abatit, le brancard se brisa, deux roues se détachèrent de l'essieu, et l'on dut renoncer à partir.

Le hasard seul n'avait pu causer tant d'accidents. Nous devons compte au lecteur de ce qui s'est passé en dehors de la chambre de l'abbesse.

On n'a pas oublié de quelle importance il était pour François de se dérober aux regards du capitaine des gardes. Non-seulement il se fût exposé lui-même à une punition rigoureuse, mais il aurait également fait punir le vicomte de Morcerf, auquel il devait tant de reconnaissance.

Le voyage rapide qu'il venait d'accomplir, joint aux craintes que lui inspirait son amour menacé, le jetait dans un trouble d'imagination; dans une sorte de délire fiévreux, dont ses discours s'étaient ressentis, à son arrivée chez l'abbesse.

Une seule pensée, pensée fixe, immuable, pensée qui ne le quittait plus depuis l'apparition de Comminges dans les salons de Renard, dicta ses premières paroles à Marie de Lenoncourt.

Il signala le péril, sans indiquer la cause qui l'avait fait naître.

Sa position délicate vis-à-vis de ces deux femmes ne lui permettait guère, du reste, de s'annoncer d'une autre façon. Ne pouvant dire à Sidonia : « On veut vous unir à un autre que moi, résistez ! il fallait bien crier à la tante : « Le roi va faire enlever votre nièce, cachez-la ! »

Ce fut précisément ce que la jeune fille ne put comprendre, surtout après l'espèce de lutte qu'elle venait de soutenir, dans l'intérêt même de sa liberté et de leurs projets pour l'avenir.

A peine sorti de la chambre de la supérieure, Du Boulay eut le pressentiment du malentendu qui pouvait résulter de ce défaut d'explications, car, malgré les instances du jardinier pour le décider à le suivre, il voulut rester dans le cabinet, retenant son souffle, et l'oreille collée à la porte qui venait de se refermer sur lui.

Bientôt il eut la certitude que Sidonia se méprenait sur sa démarche : il l'entendit déclarer qu'elle ne se cacherait pas.

Un frisson courut dans les veines de François.

L'arrivée de Comminges et de madame de Navailles, qui eut lieu presque au même instant, lui défendait de rentrer chez l'abbesse. Il se retourna, pâle d'émotion, vers maître Bernard.

— Avez-vous entendu ? demanda-t-il.

— Oui, répondit le jardinier.

— Que faire, mon Dieu, que faire? La malheureuse va se perdre.

— Ce n'est pas en restant ici que nous la sauverons, dit maître Bernard. Venez.

Ils sautèrent l'un et l'autre par la fenêtre et se rendirent, en tournant les cloîtres, dans la cour où stationnait le carrosse.

Tous les mousquetaires avaient suivi Comminges. Le cocher dételait les chevaux ruisselants de sueur; il devait, pour obéir aux ordres du chef de l'escorte, les conduire à quelque hôtellerie prochaine et en louer d'autres à la poste royale.

Un instant après, il disparut, emmenant les

barbes de sa majesté Louis XIV, et laissant la voiture au milieu de la cour.

— Voilà ce que j'attendais, dit Bernard. Maintenant, à l'œuvre ! Il s'agit de mettre ce carrosse hors de service.

— Oui, c'est une idée cela, repartit François.

Le jardinier habitait un pavillon entre la cour et les jardins ; il alla prendre un marteau, des tenailles et une petite scie qui lui servait à couper les branches mortes des arbres. La cour était déserte ; toutes les nonnes se trouvaient chez l'abbesse, et la tourière elle-même avait abandonné son poste.

Munis de leurs instruments François et Bernard coururent à la voiture du roi.

Du Boulay dévissa les écrous de l'essieu, le jardinier scia le brancard aux deux tiers ; puis tous deux, avec une dextérité merveilleuse, l'un au moyen du marteau, l'autre à l'aide des tenailles, rompirent cinq ou six chaînons à l'extrémité de chaque trait.

Ces diverses opérations durèrent au plus cinq minutes ; ils rentrèrent au pavillon sans avoir été vus de personne.

— Tout n'est pas fini, dit maître Bernard. Je vous crois un garçon d'honneur, et je ne partage pas les soupçons injurieux de madame l'abbesse. Répondez-moi franchement : c'est vous qui avez sauté par-dessus le mur avec une échelle de corde?

— C'est moi.

— Vous aimez mademoiselle Sidonia?

— De toutes les forces de mon âme et de mon cœur.

— Vous pensez qu'elle vous paie de retour.

— Hélas! dit François, je l'avais cru jusqu'alors; mais, à présent, j'en doute puisqu'elle veut partir.

— Et pourquoi le roi la fait-il enlever?

— Pour la marier à un homme aussi laid que méprisable.

— Bon! je n'en demande pas davantage. Sa tante veut la retenir, vous désirez qu'elle reste; nous sommes d'accord. Soyez sans crainte, vos damnés mousquetaires n'emmèneront personne.

— Mais, dit François, ne peuvent-ils trouver un autre carrosse?

— Je vais y mettre ordre, répondit Bernard.

Il frappa trois coups au plafond. Une femme descendit de l'étage supérieur, par un escalier pratiqué au fond de la pièce.

— Que fais-tu là-haut, Magdeleine?

— Je recouds la robe et le capuchon du révérend père Mathieu; tu sais qu'il faut les reporter, ce soir, au couvent des cordeliers.

— Le révérend père attendra, dit Bernard. C'est ma femme que je vous présente, ajouta-t-il, en se retournant vers Du Boulay, qui salua : une tailleuse du premier mérite! Elle gagne à faire des robes de moines, presque autant que moi à planter des choux. Mais tu n'as donc rien entendu, tu ne sais pas ce qui se passe?

— Non, dit-elle, que se passe-t-il?

— Une chose monstrueuse : on veut enlever mademoiselle Sidonia.

— Bonté divine ! est-ce possible ?

— Ce ne sera pas du moins avec le carrosse qui est dans la cour ; il est maintenant hors d'état de sortir de l'abbaye, tant que le charron n'y aura pas travaillé dix ou douze heures. Mais les gens du roi, — car ce sont les gens du roi qui viennent désoler notre digne abbesse, — vont sans doute se mettre à la recherche d'une autre voiture, et peut-être même pousseront-ils l'audace jusqu'à vouloir s'emparer de celle du couvent. Donne-moi la clef de la remise.

— La voilà, dit Magdeleine, qui courut la décrocher dans un coin et la rapporta.

— Bon ! fit le jardinier !

Il fourra la clef dans sa poche.

— Mais, observa Magdeleine, ils trouveront aisément une berline à la poste.

— Ou chez l'évêque, dit Bernard.

— Sans doute, ainsi que chez la baronne d'Estourville et le comte de Faure.

— Est-ce tout ? N'y a-t-il pas en ville d'autres équipages ?

— Pour le moment, non. M. le duc de Senneterre est à Paris, et le vieux baron des Ormeaux est parti hier pour son château de Blois.

— En ce cas, prends tes jambes à ton cou, ma fille. Va d'abord à la poste ; dis à maître

Jacques Bonneuil que ses deux berlines, au cas où elles seraient sous la remise, sont retenues par madame la supérieure.

— Bien, j'y cours.

— Un instant! Tu iras ensuite à l'évêché, puis chez la baronne, puis chez le comte, et partout tu raconteras la violence dont notre sainte abbesse est victime. S'ils trouvent après cela une voiture, ils seront habiles.

— Oui, certes! dit Magdeleine, qui s'élança dehors.

— A présent, jeune homme, ayons bon espoir, dit le jardinier. Nous avons devant nous le reste du jour et la nuit tout entière :

ce sera bien le diable si nous ne réussissons pas à jouer quelque bon tour aux ravisseurs. Laissez-moi jeter mes plans et ne bougez pas d'ici, puisqu'il y a danger pour vous à être reconnu.

Le cocher rentrait avec des chevaux de louage. Maître Bernard eut l'air de sortir, en amateur, et s'approcha du carrosse.

— Vous allez déjà repartir! demanda-t-il.

— Ne m'en parlez pas, répondit le cocher : trente lieues sans boire et sans casser une croûte! Il y a de quoi faire périr hommes et chevaux.

— Avez-vous besoin d'un coup de main? désirez-vous que je vous aide?

— Volontiers, camarade ; j'accepte.

Maître Bernard se hâta d'attacher les traits lui-même.

On sait le reste.

De l'une des fenêtres du pavillon, François eut l'agrément d'examiner dans tous ses détails le démembrement du véhicule, au moment où l'on venait d'y faire monter la nièce de la supérieure.

Comminges jura, tempêta ; mais ni ses cris, ni ses blasphèmes ne purent raccommoder le brancard.

Il envoya courir la ville, espérant s'y procurer un autre moyen de transport ; mais déjà

Magdeleine était revenue, après s'être scrupuleusement acquittée de toutes ses commissions.

Du Boulay, joyeux, vit rentrer dans les cloîtres madame de Navailles et Sidonia.

Le capitaine des gardes, en désespoir de cause, avait fait appeler des ouvriers pour raccommoder le carrosse. Bernard, sifflotant, et les mains enfoncées jusqu'au coude dans les poches de son haut de chausses, eut soin de rôder autour du charron.

— Dix louis si tu n'as pas terminé ce soir, lui dit-il à voix basse, et souviens-toi que trop d'activité te fera perdre la pratique du couvent.

— Cela suffit, répliqua l'autre.

Ils échangèrent un regard significatif.

Puis, maitre Bernard, sifflotant toujours, regagna le pavillon à pas comptés, et de l'air le plus indifférent du monde.

— Vous êtes un homme admirable! dit François, en lui serrant la main avec enthousiasme.

— Attendez, nous ne sommes pas au bout. Il s'agit à présent de pénétrer jusqu'à mademoiselle Sidonia, de la faire sortir sans qu'on la voie, et de la glisser dans une cachette, où le diable lui-même ne le découvrira pas.

— Mais avant tout, dit François, il faut que

le lui parle, afin de lui révéler cet abominable projet d'union, qu'elle ignore.

— Soyez tranquille, tout ira pour le mieux. Laissez venir la nuit, et comptez sur moi.

Du Boulay, accablé de fatigue, s'endormit et ne se réveilla qu'au moment où le soleil commençait à disparaître derrière les hauts tilleuls du jardin.

Pendant cet intervalle, maître Bernard n'était pas resté en repos.

François lui demanda ce qu'il comptait faire d'un large fauteuil aux bras et au dossier duquel il le voyait attacher des cordes solides.

Le jardinier se contenta de lui répondre par un hochement de tête mystérieux, et envoya Magdeleine chercher quinze bouteilles de vieux bourgogne dans les caves du couvent.

VI

Le capitaine des gardes avait fait rentrer Sidonia chez l'abbesse, et tout aussitôt les mousquetaires étaient venus reprendre leur poste dans le corridor et à la fenêtre.

En attendant que le carrosse fût remis en état, la duchesse de Navailles écrivit à la surintendante de la maison de la reine une petite lettre d'une perfidie remarquable; puie elle envoya la tourière prier madame d'Estourville de venir prendre ses instructions. Une heure après, un courier galopait sur la route de Paris. Il emportait la vengeance de la duègne.

Madame de Navailles était si enchantée de ce tour, qu'elle oublia de demander à son amie une toilette plus convenable. Elle alla se reposer sur le lit d'une religieuse.

Quant à Comminges, rassuré par les ordres sévères qu'il venait de transmettre à ses hommes, il se dirigea vers la meilleure hôtellerie de la ville, afin d'y acheter de quoi restaurer l'escorte et se restaurer lui-même. Il comptait que deux ou trois heures de travail suffiraient au charron; mais celui-ci avait à cœur de gagner dix pièces d'or et de conserver la pratique de l'abbesse.

A la nuit tombante, malgré les prières, les menaces et les jurons du capitaine des gardes, il n'y avait encore ni brancard rattaché, ni écrous remis à l'essieu. On lui déclara que la voiture ne pouvait être prête que le lendemain au point du jour.

Comminges dut se résigner à passer la nuit au couvent.

Il fit distribuer des couvertures aux sentinelles, leur permettant de dormir, mais à tour de rôle, et à condition que moitié de l'escorte au moins resterait éveillée, tandis que l'autre reposerait.

Tous ces ordres donnés et toutes ces mesures prises, il s'étendit sur un des bancs du parloir et s'endormit d'un profond sommeil.

Quant aux religieuses, effrayées de voir leur sainte retraite envahie par des garnisaires. elles s'étaient réfugiées avec les pensionnaires et les novices dans la chapelle, dont les portes avaient été fermées et barricadées avec soin. Les pieuses filles ne se fiaient pas aux hommes de Comminges ; elles se décidaient à prier Dieu jusqu'au jour.

Dès huit heures du soir, le silence le plus profond régnait dans l'abbaye.

Maitre Bernard, assis avec François devant la cheminée du pavillon, versa dans un grand vase de fonte les quinze bouteilles de Bourgogne, enlevées par sa femme à la cave particulière de la supérieure ; il fit chauffer le tout sur un brasier pétillant, sucra le liquide, l'aromatisa de son mieux, puis dit au jeune homme :

— Nous en boirons bien un verre, en attendant Magdeleine ?

— Volontiers, dit François ; mais il se fait tard, hâtons-nous.

— Patience ! trop d'empressement peut nuire. Je bois à vos amours et à la confusion des mousquetaires.

— Merci.

— Que pensez-vous du cordial?

— Délicieux.

— Hein, fit Bernard, nos ennemis ne seront pas à plaindre ? Toutefois, pour leur usage personnel, je vais joindre aux breuvages ce demi-flacon d'essence de pavot. Comprenez-vous?

— A merveille, dit François.

La porte s'ouvrit, et Magdeleine rentra.

— Eh bien? lui demanda son mari.

— Eh bien, répondit-elle, vous avez l'autorisation de la mère abbesse et de mademoiselle Sidonia.

— On t'a laissée pénétrer dans leur chambre sans obstacle?

— Pardine! puisque je leur portais à souper. Seulement, j'ai eu forte affaire, lorsque, passant dans le cabinet, j'ai voulu parler aux soldats placés à la garde de la fenêtre. — Qui vive? ont-ils crié; retirez-vous, corbleu! ou vous êtes morte. Et j'ai senti le bout d'un mousquet s'appuyer contre ma poitrine. — Oh! oh! messieurs, ai-je répondu, vous n'êtes pas galants! Soyez sans crainte, personne ici n'a l'intention de fuir. Comme la nuit est froide et que vous êtes là plantés à la belle étoile, j'avais pensé qu'un verre de vin chaud vous serait agréable; mais, puisque vous répondez par des coups de fusil aux propositions des dames, bonsoir. Je suis votre servante. »

— Là, là, dit Bernard avec impatience, au fait! Ont-ils accepté, oui ou non?

— J'eus l'air de vouloir refermer la fenêtre, continua Magdeleine, et ils se mirent à crier tous les quatre, car ils sont quatre de ce côté là : — « Un instant, mignonne! Du vin chaud,

cela ne se refuse en aucun pays du monde. » —
« Alors, messieurs, je vais vous en apporter
tout à l'heure ; ou bien ce sera mon mari, et
je dois vous prévenir qu'il arrivera du côté des
jardins : ne le tuez pas, s'il vous plaît ! » Là-
dessus je m'en suis allée, poursuivit Magdeleine, laissant comme vous me l'aviez dit, la
fenêtre entr'ouverte.

— Fort bien, dit Bernard, sauf les digres-
sions inutiles et le bavardage. Mais le vent
souffle, la rivière coule, la femme jase, tout
cela forcément, sans qu'on puisse y mettre
obstacle. Et les mousquetaires du corridor?

— Ils acceptent aussi. Par exemple, je ne
sais trop si je dois moi-même leur porter à

boire. Ce sont des mauvais sujets, ils ont voulu m'embrasser.

— Magdeleine, vous êtes une maladroite; on ne vient jamais corner de pareilles sottises aux oreilles d'un mari.

— Pourtant, murmura-t-elle...

— Silence! mettez sur un plateau la plus forte de ces deux terrines, avec huit verres, et portez le tout à vos mauvais sujets; si vous commencez par les faire boire, je vous promets qu'au bout de cinq minutes ils ne vous embrasseront plus.

Magdeleine ne répliqua rien.

Elle retourna du côté des cloîtres avec la plus grande partie du vin chaud, tandis que maître Bernard portait le reste aux sentinelles du jardin. François le suivait, chargé du fauteuil garni de cordes, et ne devinant en aucune sorte à quel usage son compagnon pouvait destiner ce meuble.

Lorsqu'ils eurent fait une centaine de pas dans le potager du monastère, Bernard s'arrêta tout à coup.

Ils se trouvaient dans le voisinage d'une large citerne, dont un rayon de la lune éclairait à demi l'ouverture béante, laissant l'autre côté dans une ombre profonde, ce qui donnait à cette espèce de gouffre quelque chose de sinistre.

— Déposez ici le fauteuil et attendez-moi, dit Bernard au jeune homme ; je viendrai vous reprendre aussitôt que nos buveurs seront endormis.

A ces mots, il disparut derrière les charmilles.

Le cœur de Du Boulay battait avec violence. Quel accueil va-t-il recevoir de la nièce de Marie de Lenoncourt, si toutefois il parvient à l'approcher de nouveau ? Trouvera-t-on seulement moyen de s'entendre, et les explications seront-elles possibles en présence de la supérieure ?

François ne se souvint même pas de ce qu'il

a pu dire pour être si mal compris de la jeune fille. Depuis le soir précédent, les événements se sont pressés de telle sorte, et il a dû prendre des résolutions si rapides, qu'il lui semble vivre dans un monde fantastique, où il n'a plus la conscience ni de ses pensées ni de ses actes.

Tout à coup, au milieu des nuages amoncelés sur son esprit, une lueur éclata, lueur terrible, qui lui révéla quelque chose de la nature inconstante de Sidonia. Les souvenirs du passé se présentèrent à son imagination. Cette jeune fille n'a-t-elle pas trop facilement et bien vite accepté une intrigue? Ce que François a cru devoir attribuer à une sympathie réciproque et à l'entraînement du cœur n'est-il pas plutôt la conséquence d'un désir effréné de s'affranchir d'une tutelle sévère et des ennuis du cloître? Tout autre, à sa place, eût peut-être été accueilli de même.

Une fois dans cet ordre d'idées, François y resta totalement et crut enfin saisir ce qu'il y avait eu jusque-là d'inexplicable dans la conduite de Sidonia.

Au milieu de ces réflexions désolantes, il se sentit frapper sur l'épaule. C'était maître Bernard qui revenait.

Le tour est fait, dit-il; nous pouvons escalader la fenêtre et entrer chez nos prisonnières.

— Alors, murmura le jeune homme avec un accent de menace et de résolution désespérée, il faudra qu'elle me réponde nettement ; je saurai ce qu'elle a dans le cœur !

— Oh! oh! vous n'êtes plus calme, à ce que je vois. Point de querelle, surtout, et n'éveillons personne.

— Dois-je prendre le fauteuil? demanda Du Boulay.

— Non, laissez-le près de la citerne.

Bientôt ils furent à cette même fenêtre, par laquelle ils s'étaient échappés, le matin même.

Ils la franchirent en sautant par dessus quatre mousquetaires étendus le long des plates-bandes et ronflant comme des tuyaux d'orgues.

— Qu'en dites-vous? murmura Bernard ; notre jus de pavot ne produit-il pas des merveilles ?

François, sans répondre, poussa précipitamment la porte de la supérieure. Assise aux côtés de sa tante, Sidonia jeta un léger cri, en le voyant paraître.

—Calmez-vous, mademoiselle, dit du Boulay avec un ton d'amertume qui n'échappa pas à la jeune fille ; je ne suis pas seul, et voici maître Bernard, un fidèle serviteur de votre tante. Lui et moi, nous vous demandons humblement pardon d'avoir retardé votre départ.

— Oh! c'est bien, monsieur, c'est très-bien ce que vous avez fait là! dit l'abbesse qui s'était levée pour venir à leur rencontre.

Elle avait des larmes dans la voix et tournait vers le jeune homme ses mains palpitantes.

— J'aurais pu, reprit-elle, succomber aux émotions de cette journée fatale et ne pas être à même de vous remercier, comme je le dois, monsieur. Sans vous et sans ce bon Bernard, la précipitation avec laquelle on agissait ne m'eût pas permis d'éclairer cette enfant. Vous-même, ce matin, vous n'avez pas eu le loisir d'entrer dans tous les détails nécessaires, car je ne me suis pas trompée, n'est-ce pas, le ministre seul est cause de ce qui nous arrive ?

—Oui, madame, dit François en regardant Sidonia, dont les grands yeux s'attachaient sur lui avec une expression étrange.

—Ainsi, murmura-t-elle, Sa Majesté veut disposer de ma main en faveur du frère de M. de Colbert ?

—Rien de plus véritable, dit Du Boulay; mais ce que vous ignorez encore, mademoiselle, c'est que Maulevrier est un traître infâme! Il a reçu mes confidences ; je lui avais demandé sa protection.

—Tout s'explique alors, dit froidement Sidonia. Vous avez eu peur de me perdre, vous avez douté de ma force d'âme ; vous avez cru que je me laisserais marier par ordre, et vous êtes venu dire à ma tante : « Ne souffrez pas qu'on emmène votre nièce ! j'aime mieux qu'elle passe toute sa vie au cloître que de la voir appartenir à un autre. »

—Ah ! mademoiselle, pouvez-vous supposer...

—Je ne suppose rien, monsieur. Permettez-moi seulement de vous dire qu'il y a dans votre conduite un peu plus d'égoïsme que de dévouement.

—Oh ! je vous jure...

—Assez ! interrompit la jeune fille, brisons là-dessus. Ma tante, qui vient de vous remercier avec tant de chaleur, n'a pas l'intention, je vous le déclare, de vous accorder ce qu'elle refuse au frère du ministre.

—Sidonia ! Sidonia ! veillez sur vos paroles, dit l'abbesse.

—Mon dieu, chère tante, il faut être catégorique. J'ai cédé à vos instances, j'ai eu pitié de votre chagrin. Lorsque Magdeleine est venue tout à l'heure nous instruire des plans de Bernard; j'ai tout accepté sans objection; laissez-moi donc, s'il vous plaît, dire à monsieur Du Boulay que le but de son voyage sera rempli. Pour lui être agréable, ainsi qu'à vous, ma bonne tante, je vais me laisser descendre au fond d'une citerne, et les mousquetaires ne s'aviseront certainement pas de venir m'y chercher.

—Au fond d'une citerne? balbutia François avec stupeur.

—Oui, monsieur; n'est-ce pas une cachette attrayante? J'y serai moins à l'aise que dans le carrosse du roi; mais je tiens à vous plaire, et j'aurai de la résignation, je vous le promets.

— Au fond d'une citerne! répéta le jeune homme, regardant tour à tour l'abbesse et maître Bernard.

— Sans doute. Vous comprenez maintenant à quoi doivent servir mon fauteuil et mes cordes? dit le jardinier, Ne vous effrayez pas pour mademoiselle, la cachette est très-commode : c'est une sorte de petite chambre, pratiquée à droite sous l'enfoncement de la voûte. Nous avons arrangé cela, au temps de la Fronde, lorsque les maraudeurs de Gaston pillaient les monastères. Madame l'abbesse, à cette époque, y est restée pendant quarante-huit heures, avec les vases sacrés de la chapelle et le trésor du couvent.

— C'est vrai, dit Marie de Lenoncourt.

J'y descendrai de nouveau pour tenir compagnie à ma nièce. On fera croire aux gens du roi que nous nous sommes enfuies et cachées dans la ville.

— Vous le voyez, monsieur, dit Sidonia à Du Boulay, tout s'arrange à votre plus grande satisfaction. Les mousquetaires partis, nous quitterons la citerne; ma tante sollicitera des dispenses, et je prendrai le voile sur-le-champ. Le roi n'osera pas se rendre coupable de sacrilége, en faisant enlever une religieuse.

Chaque parole de la jeune fille, depuis le commencement de cette scène, était empreinte d'un cachet d'ironie mordante et de profond dépit.

— Tout est prêt, n'est-il pas vrai, Bernard? demanda l'abbesse, qui s'effrayait de la pâleur du jeune officier aux gardes et craignait une explosion.

— Oui, madame, répondit le jardinier; les sentinelles, grâce à moi, sont plongées dans une sorte de léthargie, et vous pouvez sortir comme il vous plaira, par la porte ou par la fenêtre.

— C'est bien, partons, dit Marie de Lenoncourt.

Elle prit la main de Sidonia, mais François, jetant un cri de colère, s'élança entre elles et les sépara brusquement.

— Non, madame, dit-il avec force; non, vous ne partirez pas!

— Qu'est-ce à dire, monsieur? voulez-vous à présent que le ministre et son frère triomphent?

— Plutôt que de voir ensevelir à tout jamais cette jeune fille dans un cloître, certes, oui, madame ! à moins, toutefois qu'elle-même ne me donne ici l'assurance qu'elle prendra le voile de son plein gré.

— Cette assurance, je vous la donne, dit Sidonia. Depuis que je sais, monsieur, qu'on veut disposer de ma main, sans mon consentement et malgré mon cœur, je ne suis plus aussi curieuse de voir la cour, et je n'irai pas me sacrifier moi-même. Oh ! continua-t-elle, en fermant la bouche à Du Boulay, je sais ce que vous allez me répondre ! mais si je refuse d'épouser Maulevrier, le roi me permettra-t-il d'en épouser un autre? — un autre qui, je l'avoue, a toutes mes affections ? Dites, monsieur, êtes-vous de force à entrer en lutte avec Sa Majesté ? Non, ce serait de la folie. Résignez-vous donc comme je me résigne, et ne vous opposez plus au seul moyen qui me reste d'échapper à un odieux mariage.

— O mon enfant, ma chère enfant ! dit l'abbesse, le ciel a exaucé mes prières ; il t'envoie le secours de sa grâce ! Vous venez de l'entendre, ajouta-t-elle, en se retournant vers François : imitez son exemple, soyez courageux, et laissez-la devenir l'épouse du Seigneur.

Du Boulay tomba sur un siége en poussant une sourde exclamation de désespoir.

— Adieu, François, adieu pour toujours en ce monde ! murmura la jeune fille, qui s'approcha et lui prit la main.

Le jeune homme eut un brusque tressaillement : elle venait de lui glisser une lettre. Mademoiselle de Lenoncourt lui lança un regard, un éclair rapide, qui lui recommandait la discrétion et la prudence.

—Vous m'oublierez, continua-t-elle avec un

sang-froid merveilleux; et, chaque jour, à l'ombre de cette sainte retraite, je prierai Dieu pour votre bonheur. Allons, mon ami, du courage ! Dans votre intérêt, plus encore que dans le mien, ne mettez pas obstacle au parti que j'adopte. C'est le meilleur, croyez-le, c'est le meilleur !

Un nouveau regard, aussi expressif que le premier, acheva de convaincre François que Sidonia jouait une comédie, dont le dénouement ne pouvait que leur être favorable.

— Réflexion faite, dit maître Bernard à la supérieure, il vaut mieux opérer votre évasion par la fenêtre ; c'est le côté où vos gardes sont le moins nombreux.

— Nous sommes prêtes, dit Sidonia.

En quelques secondes on fut dans le jardin.

Toutes sortes de précautions avaient été prises pour ne pas heurter les dormeurs. Bientôt les deux fugitives, conduites par Bernard et François, arrivèrent près de la citerne.

Le jardinier battit le briquet et alluma une petite lanterne sourde, dont il s'était muni.

— Vous savez, mesdames, dit-il, que vous ne courez à descendre là aucune espèce de danger ; il y a tout au plus au fond un demi-pied d'eau. En levant un peu les jambes vous ne vous mouillerez pas, et, en vous dressant sur le fauteuil, vous serez juste à la hauteur de la cachette en question.

L'abbesse, qui avait exécuté déjà ce singulier voyage, descendit la première, tenant à la main la lanterne sourde.

— Maintenant, dit Sidonia, c'est mon tour.

Elle profita du moment où le jardinier attirait à lui le fauteuil vide pour se pencher à l'oreille de François et lui dire à voix basse:

— Vous avez failli tout perdre par votre maladresse. N'importe, je vous aime toujours! Suivez scrupuleusement mes instructions.

Ses lèvres effleurèrent en même temps le front du jeune homme. Il crut qu'il allait mourir de saisissement.

Lorsque Sidonia eût rejoint sa tante dans les profondeurs de la citerne, François et Bernard regagnèrent le pavillon, où Magdeleine les attendait, achevant de raccommoder, à la clarté d'une lampe, la robe et le capuchon du révérend père Mathieu.

— Tout est fini, dit le jardinier. Dans une heure ou deux, le jour paraîtra. Est-ce la peine de nous coucher, femme?

— Vraiment oui, dit Magdeleine; je tombe de fatigue et de sommeil.

— Eh bien, va dormir, je tiendrai compagnie à notre hôte.

— Non, dit François ; laissez-moi seul, je vous le demande en grâce.

— Pauvre garçon ! pensa Bernard, voilà ses amours en déroute.

Il suivit sa femme, qui montait l'escalier. Du Boulay, resté seul, se hâta d'ouvrir le billet de Sidonia. Il était ainsi conçu :

« Ma tante vient seulement de m'avouer qu'une demande en mariage lui a été faite par le ministre, au nom de son frère. Elle a répondu par un refus très-positif : voilà nécessairement ce qui a causé une inter-

vention royale. Mais quelle folie est la vôtre !
Pourquoi vous opposer à ma sortie du couvent ? N'avez-vous donc aucune confiance en moi ? Me croyez-vous une fille sans caractère ? Tous les rois et tous les ministres du monde ne me forceront jamais à épouser un homme que je n'aime pas. Magdeleine nous apprend que vous avez aidé Bernard à démantibuler la carrosse : autre sottise ! Heureusement, je suis là pour tout réparer. Si vous n'exécutez pas à la lettre ce que je vais vous prescrire, je vous défends de me revoir de votre vie ! J'accepte le projet de me cacher dans la citerne ; à présent que je connais les intentions de Sa Majesté à mon égard, je ne dois pas avoir l'air de courir au-devant de ces mêmes intentions, puisque

mon parti bien arrêté est de les combattre. Il est donc important de feindre la résistance; mais je ne veux pas être victime de ma propre ruse. Je vous écris ces lignes à la hâte et au crayon. Ma tante achève ses heures. — Pauvre femme, je la trompe! — Voici ce que je vous ordonne de faire : aussitôt après m'avoir descendue dans la citerne, vous irez prévenir les gens du roi du lieu où je suis cachée. Si vous craignez d'être reconnu par eux, prenez un déguisement; mais surtout acquittez-vous de la commission vous-même, je me défie de maître Bernard. Cela fait, arrangez-vous, n'importe comment, pour m'accompagner pendant le voyage; nous aurons besoin de nous concerter et de nous entendre.

« SIDONIA. »

— Elle a raison, mille fois raison! se dit François, couvrant de baisers la signature de ce billet. J'étais insensé, j'avais le délire; elle seule montre du calme et de la logique. Mais où trouver un déguisement, à cette heure ? Au fait, pourquoi ne pas me découvrir à Comminges ? dès à présent, je ne suis plus en opposition avec les ordres qu'il a reçus. Hélas! non, c'est impossible ! il chercherait la cause de ce revirement ; il la trouverait peut-être ; et, dans tous les cas, il s'arrangerait de manière à nous séparer, Sidonia et moi, quand au contraire elle exige que nous nous rapprochions pendant le voyage. Que résoudre? à quel parti m'arrêter?

Ses yeux rencontrèrent la robe de moine et

le capuchon, que Magdeleine avait laissés sur un escabeau voisin.

— Ma foi, s'écria-t-il, la femme de Bernard et le révérend père Mathieu s'arrangeront ensemble ! Voici deux louis que je laisse pour ce froc.

Il déposa les pièces d'or sur la table et s'habilla en cordelier.

Peu d'instants après, Comminges, endormi sur un banc du parloir, se réveilla, secoué violemment, et aperçut un moine à côté de lui.

— Le diable vous emporte, mon père!

murmura-t-il. Je ne suis pas à l'article de la mort, et je n'ai point appelé de confesseur. Pourquoi venez-vous troubler mon sommeil?

— Parce qu'il a duré trop longtemps déjà, dit le moine en grossissant sa voix. Debout, capitaine, et suivez-moi dans la chambre de l'abbesse.

— Ah! fit Comminges, qu'y a-t-il donc?

— Les oiseaux que vous teniez en cage sont dénichés.

— Hein?... Flamme et mort! C'est impossible, ce que vous dites là, révérend père?

— Traversons le cloître, et venez vous en assurer vous-même, dit le moine.

Comminges ne se fit pas répéter deux fois l'invitation. Il arriva bientôt avec le cordelier devant la porte de la supérieure, et jeta un cri de colère à l'aspect de ses hommes étendus et dormant sur les dalles du corridor.

— Ah! canaille maudite! cria-t-il en leur distribuant force coups de pieds; est-ce donc ainsi que vous suivez mes recommandations? Par l'enfer! nous allons avoir un singulier compte à régler tout à l'heure.

Il ouvrit la porte.

Ses jurements redoublèrent lorsqu'il trouva

la chambre vide. Le moine, l'entraînant alors dans le cabinet, lui montra la fenêtre ouverte et, au-dessous, le reste des mousquetaires ronflant sur la terre molle des plates-bandes.

Comminges fut pris d'un véritable accès de rage. Il allait sauter dans le jardin et trépigner sur les dormeurs, quand tout à coup le cordelier le calma en disant :

— Je sais où elles sont, vous allez les reprendre.

— En vérité? s'écria le capitaine.

— Mais faisons nos conditions d'abord, dit le moine. Je suis instruit du secret; en le trahissant, je m'expose à la vengeance de l'abbesse, et, vous pouvez le croire, cette vengeance serait terrible ; mes supérieurs auraient soin, tout d'abord, de me mettre *in pace.*

— Diable ! fit Comminges. Alors, qu'attendez-vous de moi, révérend père ?

— Je vous prie d'aider et de favoriser ma fuite.

— Volontiers, morbleu ! Rien de plus simple : vous monterez tout à l'heure dans le carrosse, et vous viendrez avec nous à Paris, où l'on vous gratifiera de quelque bonne prébende en récompense du service que vous allez me rendre.

— C'est convenu, dit le moine ; les choses s'arrangent pour le mieux, et je fais là, je vous le jure, une bonne action.

— Seriez-vous, par hasard, le directeur de la jeune fille ?

— Précisément. Elle n'a pas l'ombre de vocation pour le cloître.

— A qui le dites-vous ? Hier, elle nous suivait de très-bon cœur.

— Aujourd'hui peut-être, il n'en serait pas

de même; car on l'a prévenue qu'il s'agissait pour elle d'un mariage et, je dois vous l'avouer, capitaine, son cœur n'est plus libre.

— Ah! ah! fit Comminges; connaissez-vous l'amoureux?

— Oui, c'est un honnête et digne jeune homme, qu'elle épousera, je le crains, malgré le roi, malgré tout le monde.

— Voilà ce qui vous trompe, mon révérend : elle ne l'épousera pas.

— C'est fâcheux, dit le moine. Alors il est plus sage de me taire et de laisser mademoiselle de Lenoncourt où elle est.

— Peste! un instant! Ceci ne fait plus mon compte.

— Il faut me jurer, capitaine, qu'à notre arrivée à Paris, et avant toute chose, vous prêterez la main à une entrevue, afin que ces jeunes gens puissent s'entendre et arranger leur bonheur sans résister trop ouvertement à la volonté du roi, sans compromettre personne.

— Vous faites-là, révérend père, un singulier métier, dit Comminges.

— En quoi me trouvez-vous coupable? Le salut de cette jeune fille m'intéresse, et vous en conviendrez avec moi, c'est damner une femme à coup sûr que de lui faire contracter une union contre son gré.

— Hum ! c'est possible.

— Ainsi vous me donnez la parole que je vous demande ?

— Soit, je vous la donne.

Et Comminges ajouta, se parlant à lui-même :

— Ah ! mon petit cousin ! mon petit cousin ! vous resterez au Châtelet plus longtemps que vous ne pensez.

Il reprit à haute voix :

— Maintenant que nous sommes d'accord, mon révérend, dites-moi, s'il vous plaît, où je vais trouver les fugitives.

— A cinquante pas d'ici, au fond d'une citerne. Venez capitaine.

Une demi-heure après, Sidonia de Lenoncourt, au moyen d'une longue échelle découverte par les mousquetaires, qui avaient à cœur d'apaiser le courroux du chef de l'escorte, sortait de la retraite ténébreuse où sa tante lui tenait compagnie.

On jugea convenable de laisser au fond de la citerne la pauvre abbesse, dont la voûte étouffa les cris de désespoir.

Le carrosse était réparé.

Madame de Navailles, dormant, depuis la veille, dans une cellule de religieuse, fut priée de remonter en voiture; et le révérend père cordelier, prenant place sur les coussins, aux côtés de mademoiselle de Lenoncourt, qui n'avait paru céder qu'à la violence, tâcha par ses pieuses exhortations d'adoucir le chagrin auquel cette jeune fille était en proie.

On partit au galop du côté de Paris.

VII

Un serrement de main significatif avait été échangé entre le moine et la nièce de la supérieure.

— C'est une agréable surprise que vous

nous causez-là, mon père, dit madame de Navailles, saluant Du Boulay, qui prenait soin de tenir son capuchon entièrement rabattu : je ne m'attendais pas à avoir, au retour, une aussi précieuse et aussi sainte compagnie.

Le désir manifesté par la duègne d'entamer la conversation ne pouvait convenir à Sidonia ni à François. Aussi, le faux cordelier s'empressa-t-il de répondre :

— Je suis le directeur de cette jeune fille, madame ; elle éprouve le besoin de me confier sa peine et de recevoir mes conseils, dans la pénible circonstance où elle se trouve. Soyez assez bonne, je vous prie, pour vous retirer tout à l'autre coin, et vous endormir, si faire se peut.

— Il est sans gêne! pensa la gouvernante; on n'a jamais vu transformer un carrosse en confessionnal.

Pourtant, la voix du moine avait un accent d'autorité si grave et si solennel, que la duchesse n'osa pas désobéir. Elle s'enfonça dans les coussins d'un air boudeur, et aussi loin que possible de ses compagnons de voyage.

Mais on nous permettra de devancer la voiture et de nous transporter à Paris, où déjà plusieurs intrigues se nouent, au sujet de la charmante pensionnaire que ramène Comminges.

Après le souper de l'avant-veille chez le fameux traiteur du jardin des Tuileries, les officiers revinrent à la salle des gardes et retrouvèrent celui de leurs camarades qu'ils avaient laissé dans un état d'ivresse.

— Debout, Courcelles! crièrent-ils.

— Tu dois avoir cuvé ton vin, maudit ivrogne!

— Fais en sorte de nous écouter.

— Et de nous comprendre...

— Nous avons besoin de toi!

Celui sur lequel tombaient ces brusques apostrophes leva sa tête encore alourdie, se frotta les yeux et bâilla démesurément.

— Parlez, murmura-t-il; que voulez-vous?

— Il faut nous aider à rendre service à François Du Boulay, notre nouveau camarade. Est-il vrai, comme tu t'en es vanté l'autre jour, en notre présence, que M. de Louvois te veuille du bien?

— Oui, c'est vrai.

— Prends garde, point de gasconnade! Si tu as fait un mensonge, il vaudrait mieux en convenir.

— Moi!... par exemple!... j'ai dit la vérité, foi de marquis, je vous le jure.

— C'est juste, il est marquis, messieurs : un marquis peut se griser, mais il ne donne pas en vain sa parole.

— Voyons, de quoi s'agit-il, demanda Courcelles.

— Il s'agit d'une vilenie des Colbert ; tu vas aller, ce soir même, la dénoncer à M. de Louvois.

— Quelle vilenie?

— Nous allons te l'apprendre.

Aussitôt ils lui dirent tout ce qui venait de se passer chez Renard, et ajoutèrent :

— Tu le sens comme nous, ce hibou de Maulevrier ne peut épouser la gentille colombe dont notre camarade est amoureux. Or, M. de Louvois est l'ennemi des Colbert.

— L'ennemi mortel, vous avez raison.

— Donc, il trouvera moyen de mettre obstacle à ce mariage.

— Sans doute, sans doute, balbutia Courcelles rêveur.

— Qu'as-tu donc, est-ce que les fumées du vin d'Espagne n'ont pas encore quitté ton cerveau ?

— Si fait, morbleu ! mais je songeais...

— A quoi songeais-tu ?

— Cette jeune fille a réellement six millions de dot, vous en êtes sûrs ?

— Très-sûrs.

— Diable ! fit Courcelles rêvant toujours.

— Tu devines combien il serait impolitique à M. de Louvois de laisser une fortune aussi énorme entrer dans la maison de Colbert.

— Je vous certifie d'avance qu'elle n'y entrera pas.

— A la bonne heure. Soutiens chaudement la cause de Du Boulay.

— Oh! ceci viendra plus tard! L'essentiel est de débouter Maulevrier de ses prétentions.

— Soit, ne perds pas une minute; cours chez M. de Louvois.

— J'y cours.

Et le marquis de Courcelles, parfaitement dégrisé, s'élança dehors. Mais au lieu de prendre le chemin de la rue Champfleury, où était situé l'hôtel Louvois, il alla se promener quelque temps sur le quai de l'École, tout à fait désert à cette heure, et se tint à lui-même le petit discours qui va suivre :

—Une jolie fille, par le corbleu! cela se trouve en tous pays; mais six milllions de dot, six magnifiques millions, voilà qui l'emporte, sans conteste, sur le minois le plus agaçant et sur les plus beaux yeux du monde. Six millions! trois cent mille livres de revenu. Peste! L'excellente capture! Je conçois que les Colbert se mettent en chasse, et, — mes amis n'ont pas tort. — Louvois se hâtera de dépister le gibier. Mais raisonnons un peu : au profit de qui le dépistera-t-il? C'est là, ce me semble, le point capital de la question. Messieurs les officiers aux gardes prétendent que les six millions et la main de la jeune héritière reviennent de droit au petit cousin de Comminges, fi donc! Un méchant cadet de famille à peine déniaisé, quelle sottise! A partir du moment où je me risque dans cette affaire, pourquoi travailler pour un autre? Il est beaucoup plus naturel, plus convenable et plus logique de travailler pour moi-même. Cela tombe sous le sens, et ceux qui oseraient y trouver à redire... Six millions! ajouta Courcelles en se frottant les mains, quelle délicieuse aubaine! Jamais occasion meilleure ne se présentera de relever ma fortune en ruines. Oui, mais si la jeune fille aime le cousin de Comminges? Eh! qu'il prenne l'amour et me laisse la dot. Par malheur, ce sont-là deux choses inséparables. Bah! ne faisons pas naître des obstacles à plaisir... Six millions! avec une telle perspective on soulève des montagnes.

Le marquis, après avoir tenu de la sorte

conseil avec lui-même, tourna Saint-Germain-l'Auxerrois et se dirigea vers la rue Champfleury.

M. de Louvois, à cette époque, n'était pas encore ministre, mais il en avait déjà toute la puissance. Ayant succédé à son père dans la charge de secrétaire d'État, il s'était rendu depuis dix ans presque indispensable.

D'une ambition effrénée, mais en même temps d'une sûreté de vues parfaite et d'une persistance inouïe, Louvois devait nécessairement arriver haut. Chacun à la cour le jugeait aussi puissant que Colbert, à qui, du reste, il ne pardonnait pas de l'avoir devancé comme ministre.

Haineux, jaloux, plein d'orgueil, il avait juré de saisir toutes les occasions possibles d'humilier son rival.

C'était entre eux une guerre sourde, une guerre implacable, où Louvois triomphait presque toujours, tant il savait habilement dresser ses piéges, tant il avait soin de ne jamais prêter le flanc à son ennemi.

Toute la cour connaissait leur aversion réciproque.

Avait-on à se plaindre du secrétaire d'État, on était sûr d'être accueilli merveilleusement chez Colbert. Voulait-on jouer au ministre quelque tour pendable, ou exercer contre lui quelque vengeance, Louvois donnait à tout son approbation et prêtait main-forte.

Ceci nous explique comment nos jeunes officiers aux gardes, voulant châtier Maulevrier de l'espèce de trahison dont celui-ci s'était rendu coupable à l'égard de François Du Boulay, eurent l'idée de recourir à l'intervention du secrétaire d'État.

Seulement, le député de leur choix avait moins de conscience encore et de délicatesse que Maulevrier lui-même ; nous avons vu quelles réflexions lui suggéra l'aventure.

M. de Louvois était chez lui, lorsqu'on annonça Courcelles.

Il donna l'ordre d'introduire.

Après avoir écouté le marquis, pendant quelques minutes, avec le plus grand calme et pesé l'importance de la révélation qui lui était faite, révélation où Courcelles se garda bien de prononcer le nom de François, le secrétaire d'État tira sa montre.

— Neuf heures bientôt, dit-il. Madame de Carignan n'est pas couchée ; je vais à l'instant même lui parler de tout cela. Merci, Courcelles, — au revoir.

— Pardon, monseigneur, babutia celui-ci, un peu déconcerté d'être congédié si vite : j'avais quelques autres ouvertures à vous faire.

— Sur le même sujet? demanda Louvois.

— Sur le même sujet.

— En ce cas, suivez-moi jusqu'à l'hôtel de Soissons; nous causerons en route.

— Faut-il commander votre équipage, monseigneur?

— Non. Lorsque je rends visite à la princesse, je garde le plus stricte incognito. Allez me chercher un fiacre.

Courcelles obeit avec l'empressement d'un valet. Il revint au bout de cinq minutes annoncer que la voiture attendait à la porte.

M. de Louvois descendit, enveloppé d'un long manteau et le visage caché par un feutre à larges bords.

— Eh bien, marquis, parlez, je vous écoute, dit-il à Courcelles, quand ils furent montés en voiture.

Monseigneur est décidé, j'imagine, à mettre obstacle à ce projet de mariage?

— Peut-être.

— Alors, le moyen le plus simple de renverser les espérances du frère de Colbert serait de marier mademoiselle de Lenoncourt à un autre.

— A vous, n'est-ce pas, Courcelles? J'y songeais, dit Louvois.

— En vérité, monseigneur! s'écria le marquis avec explosion.

— Il ne vous reste plus rien de l'héritage paternel ?

— Absolument rien.

— Vous êtes perdu de dettes?

— Oui, j'en ai quelques-unes

— Vous aimez le jeu ?

— Sans doute, pourtant...

— C'est juste, je me trompe, vous préférez le vin.

— Monseigneur...

— Oh! ce ne sont pas des reproches que je vous adresse; il est tout simple qu'un gentilhomme, ruiné par le débauche et l'orgie, s'efforce de rétablir sa fortune. Nous sommes parents, d'ailleurs, et vous avez droit à ma protection.

— Ainsi, murmura Courcelles, vous daignerez...

— M'occuper de votre mariage, oui, certes. A combien se monte le chiffre de vos dettes?

— Je ne pourrai vous le dire qu'aproximativement, monseigneur.

— Dites, marquis, dites.

— Trois ou quatre cent mille livres environ.

— C'est peu de chose ; Villeroi, votre oncle a tort de crier au scandale. Décidément, il est très-possible que je vous marie à cette jeune et opulente héritière. Mais nous voici devant la demeure de la princesse. Bonsoir, marquis, bonsoir.

Courcelles descendit de fiacre et s'en alla,

persuadé que M. de Louvois venait de se moquer de lui.

L'hôtel de Soissons, où nous pénétrons à la suite du secrétaire d'État, se trouvait alors habitée par deux femmes, dont la vie tout entière était consacrée à l'entrigue.

Marie de Bourbon, veuve de Thomas-François de Carignan, avait marié son fils, comte de Soissons, à Olympe Mancini, la plus belle des nièces du cardinal Mazarin, mais en même temps la plus habile et la plus dangereuse. Louis XIV, dans sa première jeunesse, avait aimé Olympe. Depuis lors, elle avait conservé sur lui une influence, qu'elle exploitait dans toutes les occasions possibles, et rarement pour le bien.

Il existait entre la comtesse et sa belle-mère une sympathie absolue.

Bien que touchant à la cinquantaine, madame de Carignan avait un reste de beauté, qui lui permettait de recevoir encore quelques hommages. Les courtisans les plus débauchés, les femmes les plus coquettes se donnaient rendez-vous à l'hôtel de Soissons, où l'on était certain de trouver des encouragements aux mœurs les moins honnêtes, à la conduite la moins chaste. Il y avait cercle presque tous les soirs. La baronne du Fargis, les duchesses de Chevreuse, de Guéménée et la princesse de Bade, amies intimes de madame de Carignan et de sa bru, apportaient à ces réunions tout le débraillé de leurs manières, tout le libertinage de leur entretien, tout le scandale de leurs souvenirs.

M. de Louvois avait d'excellents motifs pour ne jamais paraître au cercle.

Quand il voulait parler à Olympe ou à sa belle-mère, il les faisait avertir par un domestique. Alors ces dames s'empressaient de le rejoindre dans un boudoir, dont il avait une clé, et où s'agitaient entre eux une foule de questions secrètes.

En public et devant tous, mesdames de Soissons et de Carignan semblaient dévouées à Colbert; mais Louvois seul pouvait donner la mesure de ce dévouement et l'apprécier à sa **juste valeur.**

La conférence dura, ce soir-là, jusqu'à près de minuit.

— Soyez tranquille, dit la princesse au secrétaire d'État ; demain, de bonne heure, je je serai chez le ministre.

— J'y compte, madame, dit Louvois.

Et il quitta l'hôtel de Soissons aussi mystérieusement qu'il y était entré.

Le lendemain, Colbert examinait avec l'ingénieur Andréossy, le plan d'un canal immense, qui devait traverser tout le midi du royaume et réunir la Méditerranée à l'Atlantique, lorsque madame de Carignan pénétra dans son cabinet comme un tourbillon.

— J'ai forcé la consigne de vos huissiers, mon cher ministre, dit-elle. Quittez vos travaux, de grâce, et veuillez m'entendre. Il s'agit d'une affaire importante, d'une affaire qui ne souffre aucun retard.

— Madame, dit Colbert, en souriant, vous avez pour obtenir audience un procédé fort expéditif; il vous réussit toujours. A bientôt, Andréossy, continua-t-il en reconduisant l'ingénieur. Dites à Riquet que le roi accepte ces ses offres (1). Un projet aussi gigantesque,

---

(1) Le canal du Languedoc fut exécuté tout entier aux frais de Paul-Étienne de Riquet, qui dépensa trente-quatre millions dans cette entreprise.

et pour l'exécution duquel l'État n'aura rien à débourser, vous comblera de gloire l'un et l'autre. Avant deux jours, vous recevrez les lettres patentes et l'engagement formel de Sa Majesté, en son propre nom et au nom de ses successeurs, de laisser, pendant un siècle, aux héritiers de Riquet tous les produits du canal.

— L'ingénieur salua profondément et sortit.

— Venez un peu, venez ici, monsieur l'hypocrite, que je vous tire les oreilles! dit la princesse à Colbert.

— Oh! oh! madame, en quoi donc ai-je pu mériter un pareil châtiment?

— Vous osez me le demander.

— Sans doute.

— Voilà qui est trop fort. Sondez votre conscience, je vous prie, et dites-moi si vous n'avez rien à vous reprocher à mon égard ?

— Absolument rien, que je sache, dit Colbert.

— Ainsi, monsieur, je ne suis plus votre amie ?

— Toujours, madame, qui peut vous faire croire...

— Plus de confiance, plus d'amitié. Vous

avez manqué de confiance en moi, poursuivit la princesse.

— J'y suis ! dit le ministre en riant : vous voulez parler du mariage de mon frère avec la filleule du roi...

— Et la mienne, monsieur, ne l'oubliez pas, dit madame de Carignan d'un air digne. C'est en quoi votre silence me paraît impardonnable. Du moins auriez-vous pu me faire part de ces hautes combinaisons matrimoniales qui, du reste, — voulez-vous que je vous le dise, mon cher ministre, — sont aussi maladroitement conçues qu'imprudemment exécutées.

— Comment cela, madame? balbutia Colbert avec inquiétude.

— Il faut, en vérité, que vous ayez perdu l'esprit, ajouta la princesse. Pourriez-vous me dire qui, du roi, de vous ou de Maulevrier, a eu l'idée fantasque de faire enlever la prétendue par des mousquetaires ?

— Par des mousquetaires s'écria le ministre !

— Eh! vous le savez aussi bien que moi. Madame de Navailles est partie hier soir, accompagnée de Comminges et de douze hommes armés de pied en cap; ils vont former le siége de l'abbaye de Saint-Loup.

— Miséricorde! que m'apprenez-vous là? dit Colbert.

— Bon! feignez l'ignorance, je vous le conseille, et jouez la surprise.

— Sur l'honneur je vous le certifie, madame, le roi ne m'avait, en aucune sorte, parlé de ces mesures violentes.

— Eh! monsieur, vous vous adressez au roi; le roi fait de l'autorité, n'est-ce pas tout simple? Je ne connais pas ma filleulle; mais je vous déclare qu'à sa place je repousserais de toutes mes forces un hymen qu'on voudrait me faire conclure par la voie des armes.

— Vous avez raison, murmura le ministre.

— Elle détestera Maulevrier, vous pouvez en être certain d'avance.

— Je le crains, en effet.

— D'autant plus qu'il n'a pas une physionomie très-heureuse, votre bien-aimé frère.

— A qui le dites-vous, madame ?

— Une jeune fille de quinze ans rêve un époux d'une toute autre figure, je vous prie de le croire. Il eût fallu, pour la décider, beaucoup de douceur, de diplomatie, d'adresse, et vous avez pris le contre-pied de tout cela.

— De grâce, madame, daignez me donner un conseil.

— Il est bien temps, monsieur.

— J'ai le plus vif regret de ne vous avoir pas consultée plus tôt.

— Votre déclaration est-elle sincère? demanda la princesse en le regardant en face.

— Oui, je vous le jure.

— Me promettez-vous de suivre la marche que je vais vous indiquer, marche un peu tortueuse peut-être, mais au moyen de laquelle on amènera ma filleule sinon à adorer Maulevrier, du moins à l'accepter pour époux?

— Je m'engage sur l'honneur à suivre toutes vos prescriptions, chère princesse, dit Colbert.

— Ce n'est pas malheureux! Vous avez oublié que les femmes seules ont assez de tact et de finesse pour traiter ces délicates questions de mariage. Depuis que vous êtes ministre, vous vous habituez trop à vous passer du secours de vos amies de l'hôtel de Soissons; vous nous abandonnez, monsieur de Colbert, vous nous abandonnez!

— Ah! madame, je vous proteste...

— Qui vous a donné le meilleur coup d'épaule, le jour où il s'est agi de vous pousser au ministère?

— C'est vous, madame.

— Et pourtant vous m'avez refusé la gratification à laquelle j'ai droit sur les gabelles du Poitou.

— Refusée... pardon, princesse! je vous ai suppliée d'attendre que de sages mesures administratives aient réparé le désordre des finances.

— Je ne vous supplie pas d'attendre, moi, quand il s'agit de vous être agréable. Du moins vous aurait-il été possible d'accorder à ma bru la charge de surintendante de la maison de la reine. Olympe sollicite depuis trois mois, — trois mois, songez-y donc, c'est presque un affront!

— Mais la reine tient à la personne qui occupe cette charge.

— Belle raison, vraiment! Où est le pouvoir de la reine? Qu'attendez-vous de son pouvoir à la Cour? Si Olympe et moi nous manquions de patience, ou plutôt si nous avions moins d'affection pour vous, monsieur, nous serions déjà vengées de cette espèce de refus de nous servir. Croyez-vous que Louvois ne nous appuierait pas d'une autre sorte, si nous faisions pour lui ce que nous avons fait pour vous? Mais laissons les reproches. Il s'agit maintenant de vos intérêts et non des nôtres; je veux vous mettre dans l'impossibilité d'être ingrat!

— Ah! madame, quel mot!

— Revenons à la future de Maulevrier. Si vous la jetez en face de son prétendu, brusquement sans préparation, elle refusera net, je vous le déclare.

— Mais que faire, alors?

— En qualité de marraine de cette jeune fille, je puis réclamer le soin de veiller sur elle.

— Vous le pouvez, madame.

— Je m'efforcerai de gagner son affection, sa confiance ; je lui annoncerai ce projet d'hymen avec délicatesse, avec mesure, en louant les qualités du prétendu ; — je ne parle pas de ses qualités physiques, entendons-nous.

— Oh! pour celles-là, je vous conseille de les passer sous silence.

— Pourtant il faudra tôt ou tard aborder le chapitre de cette magnifique laideur, dit la princesse en riant.

— Sans doute, voilà l'écueil, murmura Colbert.

— Oui, si nous mettons de but en blanc les futurs en présence; mais si Maulevrier reste dans l'ombre, s'il attend pour se montrer qu'on ait préparé mademoiselle de Lenoncourt à bien l'accueillir... vous comprenez, mon cher ministre? la thèse change. Une imagination de quinze ans peut être conduite à l'enthousiasme avec une facilité merveilleuse et ne revient pas aisément de la première impression qu'on lui donne. Je ne désespère même pas de poétiser jusqu'à la laideur du prétendu ; mais que Maulevrier disparaisse, pour Dieu, qu'il disparaisse! Si, dès le principe, il joue le rôle d'épouvantail, tout est perdu ; mes plans deviennent irréalisables.

— En vérité, madame, dit Colbert, portant la main de la princesse à ses lèvres, nous sommes de grands enfants auprès de vous.

— C'est vrai, monsieur ; si nous ne venions pas à votre secours, vous entasseriez école sur école. N'y a-t-il pas un ambassadeur à envoyer en Espagne?

— Oui, M. de Brissac est de retour.

— A merveille. Donnez-lui votre frère pour remplaçant.

— Vous avez raison.

— Que Maulevrier reçoive aujourd'hui même ses passeports et parte pour Madrid avant l'arrivée de la pensionnaire. Un ambassadeur, un homme honoré de la confiance du roi, jugez, mon cher ministre, quel pompeux éloge cela va me dicter : et comme nous aurons beau jeu d'exalter le moral, quand le physique se promènera de l'autre côté des Pyrénées ! Confiez-moi donc immédiatement la jeune fille, je réponds du reste.

— Madame, dit Colbert, vous avez du génie !

— Eh! non, je suis femme, voilà tout; c'est bien assez, mon cher ministre, croyez-le, dit la princesse en minaudant sous son évantail.

Colbert lui baisa de nouveau les mains avec reconnaissance. Elle salua et sortit.

— Ah! vous refusez à la comtesse la place de surintendante!... ah! vous attendez que le trésor soit plein pour me donner ma gratification sur les gabelles! se dit madame de Carignan, lorsqu'elle fut dehors : eh bien, monseigneur, tout ceci vous coûtera six millions. Je me charge de vous apprendre à vivre.

Rentrée à l'hôtel, elle expédia à Louvois ce petit billet laconique :

« Il a donné dans le piége. Maulevrier part pour l'Epagne, et demain j'irai moi-même au-devant de mademoiselle de Lénoncourt. »

VIII

Nous avons laissé François et Sidonia, voyageant aux côtés l'un de l'autre dans le carrosse du roi.

Madame de Navailles, invitée par le faux

religieux à respecter le secret de l'entretien, n'en avait pas moins très-attentivement d'abord prêté l'oreille; mais elle ne distingua qu'un chuchottement confus, et finit par s'endormir.

—Ah! monsieur, dit la jeune fille confuse et l'œil humide, voyez où nous entraîne une première faute!... Suis-je assez ingrate envers ma tante ?... Pauvre femme!... vous avez entendu ses cris.

— Maître Bernard la délivrera, soyez sans inquiétude, murmura Du Boulay.

Sidonia avait conservé son costume de pensionnnaire.

Une robe de percale des Indes, retenue par une ceinture rouge et verte, dessinait sa taille svelte et déliée. Aux nattes de ses beaux cheveux était attaché un voile de gaze, sous lequel d'abord elle essaya de cacher sa rougeur; mais, attirée bientôt par le magnétisme qui s'échappait des regards de François, elle essuya ses larmes et reprit au milieu d'un sourire :

— J'avais pourtant juré, monsieur, d'être bien en colère.

— Oh! Sidonia, ma chère Sidonia! gardez-vous de tenir un pareil serment...

— Ne rien trouver de mieux, pour nous

sortir de peine, que de me forcer à demeurer au cloître!

J'étais insensé; j'avais la tête perdue. Cette nouvelle terrible d'un ordre d'enlèvement, les projets de Maulevrier, le départ de l'escorte, tout m'avait frappé comme d'un coup de foudre... Oh! vous le savez, je vous aime de toutes les facultés de mon âme, de toute la puissance de mon cœur!

— Plus bas, dit-elle, parlez plus bas; notre voisine écoute.

— Non, dit François, elle dort. D'ailleurs, mon déguisement la trompe.

— Oui; mais elle ne resterait pas longtemps

dans son erreur, en pénétrant le sens de vos discours.

— Avouez, mon amie, que si j'ai, dès le principe, été coupabe de maladresse, du moins ai-je fort habilement réparé ma faute.

— Grâce à moi, dit la jeune fille; vous m'avez contrainte à avoir de la ruse et de la présence d'esprit pour deux.

— J'en conviens, Sidonia... vous êtes un ange!...

— Le roi ne peut me forcer, après tout; je saurai lui opposer de la résistance.

— Hélas! dit Du Boulay, quand un roi ordonne, il est bien difficile de désobéir.

— Vous croyez? répliqua Sidonia avec un admirable accent de mutinerie ; alors il sera toujours temps de lui dire : « Mon parrain, faites-moi remener au cloître ; je veux un mari de mon choix, ou je n'en veux pas du tout ! »

Elle glissa une de ses mains entre les mains de François, qui ne se sentit plus d'ivresse.

Tournant la tête, il vit la duègne ensevelie sous ses coiffes et dormant d'un sommeil profond. Alors il approcha de ses lèvres cette petite main blanche et mignonne ; il la couvrit de baisers, il l'arrosa de larmes de bonheur.

— Vous pleurez, mon ami ? dit Sidonia très-émue.

François ne put répondre. Un coup frappé aux glaces du carrosse le fit brusquement tressaillir et réveilla madame de Navailles.

— Hé ! qu'y a-t-il ? demanda la duègne.

Les chevaux s'arrêtaient. Comminges ouvrit la portière et dit au moine :

— Descendez un peu, mon révérend, descendez, je vous prie !

François dut obéir. Le capitaine des gardes fit signe à un de ses hommes de mettre pied à terre.

— Monte à côté du cocher sur le siége, lui dit-il, et prête ton cheval à ce bon religieux.

— Mais, voulut objecter François, je suis assez mauvais cavalier...

— N'importe, révérend père, n'importe ! nous irons au pas, si bon vous semble ; mais il faut que je vous parle sur-le-champ. Vite à cheval et trève de réflexions, ou je vous laisse achever la route à pied.

La résistance devenait impossible; François sauta lestement en selle.

— Peste! fit Comminges, que disiez-vous donc? il n'y a pas un de mes hommes capable d'enfourcher sa monture avec plus de vitesse et de grâce.

— Oh! vous me flattez, capitaine !

— Marchez toujours grand train, dit Comminges à l'escorte; cet honnête cordelier fait avec nous de l'humilité chrétienne. Restons un peu en arrière, mon révérend, s'il vous plaît, et causons. Nous rattraperons la voiture plus tard.

Très-inquiet de l'incident, et presque sûr du motif qui le faisait naître, François retint la bride à son cheval, laissa passer en avant le carrosse, et se mit au pas de Comminges. Le capitaine venait lui-même de remonter en selle.

— Mordieu! révérend père, dit-il, me croyez-vous aveugle, par hasard ?

— Aveugle... balbutia le jeune homme ; je ne comprends pas...

— Vous me comprenez de reste. Depuis quand les directeurs baisent-ils la main de leur pénitente !

— Quoi ! vouz pourriez supposer...

— Halte-là ! point d'hypocrisie ! Je vous ai vu, mon père. Les glaces d'un carrosse, vous le savez, sont transparentes, et je trottais tout à côté, flamme et mort ! Ainsi ne niez pas,

— Soit, — mais c'était une caresse fort innocente.

— Oui-dà !... Vous me prenez pour un sot, j'imagine ? Savez-vous combien vous avez déposé de baisers sur la main de cette jeune coquette ?

— Je n'ai pas compté, capitaine.

— Eh bien ! j'ai compté moi ! vous en avez déposé quinze.

— Oh ! par distraction, je vous le jure.

— Corne et potence ! Voilà qui passe les bornes de la plaisanterie. Et ce jeune homme dont vous parliez ce matin, croyez-vous qu'il apprenne avec plaisir la manière dont vous confessez votre pénitente... hein ? Répondez un peu, je vous prie.

— Mais. capitaine...

— Mais, révérend père, je dois vous dire une chose...

— Laquelle?

— C'est que le jeune homme en question, je le connais; il est de ma famille.

— Ah! dit François, ramenant son coqueluchon, que le vent rejetait beaucoup trop en arrière.

— Vous comprenez où j'en veux venir, n'est-il pas vrai? dit Comminges. La nièce de la supérieure est une gaillarde, qui m'a tout l'air de ne pas en être à ses débuts, et je n'entends pas que mon petit cousin se jette dans un guêpier pour ses beaux yeux. Donc, je retire ma promesse de ce matin, et j'exige que vous m'en fassiez une à votre tour

— Pourtant, capitaine, je vous ai rendu un grand service, dit François enchanté de la tournure que prenaient les choses ; mais ne voulant pas avoir l'air d'accéder trop facilement à ce qu'on exigeait de lui.

— Dites plutôt, corbleu, que vous vous êtes rendu service à vous-même! Écoutez, mon révérend, c'est à prendre ou à laisser : je vous plante là, sur l'heure, au beau milieu du chemin, après avoir eu soin préalablement de vous enlever des arçons, — ou vous allez me jurer de venir avec moi, à notre arrivée à Paris, rendre visite à mon jeune parent.

— Voilà qui se gâte! pensa François.

— J'ai fait enfermer le drôle au Châtelet ; c'est là que nous le trouverons, ajouta Comminges.

— Au Châtelet, pourquoi donc?

— Pour l'empêcher de se compromettre et de me compromettre moi-même. Vous lui direz que la nièce de la supérieure est une péronnelle, qui se laisse baiser la main par des moines, et vous lui conseillerez de chasser son

souvenir... Ah! point de réplique, morbleu!
Oui ou non, ferez-vous cela?

— Puisque vous l'exigez, capitaine...

— A la bonne heure. Maintenant vous pouvez remonter dans le carrosse. Une fois mon cousin en dehors de cette affaire, je ferme les yeux. Que Maulevrier s'arrange!

Du Boulay ne s'attendait pas à ce dénouement; il poussa un soupir de satisfaction.

— Tout est convenu, dit Comminges. Un temps de galop, et rejoignons l'escorte.

Il piqua des deux; François le suivit. En

quelques minutes ils se retrouvèrent auprès du carrosse. On arrêta de nouveau. Le cordelier rendit sa monture d'emprunt et remonta dans la voiture aux côtés de Sidonia.

— Madame, dit-il à la duègne, qui regardait tout ce mouvement d'un air effaré, veuillez nous permettre de reprendre le pieux entretien que le chef d'escorte est venu fort mal à propos interrompre.

— Mais, révérend père, ne pourriez-vous parler haut et me laisser profiter de vos saintes exhortations?

— Y songez-vous, madame? il y a dans tout ceci des secrets de conscience; néanmoins, si mademoiselle veut consentir...

— Non vraiment! s'empressa de répondre la jeune fille. Soyez assez aimable, madame, pour dormir encore quelques heures.

La gouvernante se rejeta dans son coin, tourna le dos d'un air fort mécontent et s'enfonça le visage dans le tourbillon désordonné de ses coiffes.

— Miséricorde! dit la jeune fille à voix basse, que s'est-il donc passé, mon ami?

— Ah! fit Du Boulay, je suis encore tout ému, — quelle alerte!

— Le capitaine avait l'air furieux; pourquoi vous a-t-il fait descendre?

— D'abord, Sidonia, je dois vous instruire d'une chose, dont je n'ai pu jusqu'ici vous donner connaissance; bien qu'elle complique notre situation d'une manière très-sérieuse. Vous m'avez conseillé vous-même d'accepter l'offre de ce cousin qui me proposait d'entrer dans les gardes ?...

— Sans doute, puisque vous ne pouviez plus rester à Orléans.

— Aussi me suis-je empressé de suivre votre conseil. Par malheur, ce même homme auquel je dois mon avancement militaire, se déclare l'ennemi le plus acharné de notre mariage.

— Que dites-vous ?

— Il me trouve audacieux d'aimer la filleule du roi. Pour m'empêcher de vous venir en aide et de m'opposer aux funestes entreprises de mon rival, il a donné l'ordre avant-hier de m'enfermer dans la prison du Châtelet.

— Grand Dieu!

— J'y serais aujourd'hui, sans un camarade qui a pris ma place et s'est noblement dévoué pour moi. Donc, vous comprendrez quel a été mon saisissement, je dirais presque mon épouvante, lorsque je me suis cru découvert, — car celui qui est à la fois mon protecteur et notre ennemi m'a vu tout à l'heure, au travers de cette glace, vous baiser la main; c'est le chef même de l'escorte, c'est M. de Comminges, capitaine aux gardes du roi.

— Ah! bonté du ciel! il ne vous a pas reconnu!

— Non, Sidonia; grâce à mon sang-froid... et à ce capuchon. Mais, par cela même qu'il continue à me croire un moine, vous sentez combien ses doutes à votre égard sont injurieux. Devais-je le détromper? Fallait-il me trahir?

La jeune fille réfléchit pendant quelques secondes. Sans lui causer un grand trouble, il était aisé de voir que la communication de François ne lui était point agréable.

— Est-ce un méchant homme, votre cousin? demanda-t-elle en relevant la tête.

— Méchant, non ; mais bourru à l'excès.

— Alors, dit Sidonia vivement, je me charge de tout !

Sans que Du Boulay pût deviner son intention elle baissa la glace, pencha la tête à la portière et dit à Comminges, qui s'était remis à trotter à droite du carrosse :

— Où s'arrêtera-t-on pour déjeuner, capitaine ?

— A Pithiviers, mademoiselle, répondit Comminges avec un sourire goguenard. Mais je croyais, ajouta-t-il, que la conversation de de votre saint directeur avait assez de charme pour vous faire oublier l'appétit.

—La remarque est désobligeante, capitaine; rien ne vous autorise à me parler de la sorte, répliqua-t-elle d'un ton digne. Veuillez donc vous découvrir, s'il vous plaît! c'est l'usage, quand on parle à une fille de ma condition.

Comminges déconcerté s'empressa d'ôter son feutre.

— A combien sommes-nous de Pithiviers? demanda Sidonia.

— A une demi-lieue; j'aperçois les clochers de la ville.

— Nous y serons alors dans quelques mi-minutes ?

— Oui, mademoiselle.

— Vous aurez la bonté, monsieur, de me donner la main pour descendre de carrosse; j'ai une explication à avoir avec vous, une explication très-grave.

Elle releva la glace.

— Bon Dieu! qu'allez-vous lui dire? demanda Du Boulay avec inquiétude.

— Chut! fit Sidonia, portant un doigt sur ses lèvres. Oh! vous pouvez nous écouter, dit-elle à la gouvernante; le révérend père a fini de me confesser. Pour peu que cela vous soit agréable, c'est maintenant à votre tour.

— Volontiers, dit la duègne ; car j'ai beaucoup péché par impatience, depuis quarante-huit heures. Êtes-vous prêt, mon père ?

— De grâce, madame, daignez garder l'aveu de vos fautes pour celui qui a l'inappréciable avantage de vous diriger dans les voies du salut, murmura Du Boulay.

— Ainsi, vous refusez, mon révérend, — parce que je ne suis plus jeune et jolie sans doute ?

— Ah ! répliqua François, nous ne considérons que la beauté de l'âme !

— Permettez-moi de garder l'opinion contraire, dit la duègne avec aigreur.

— En ce cas, madame, c'est un péché de plus dont vous aurez à demander l'absolution, dit Sidonia ; car le révérend accepte. Il ne peut vous laisser dans des idées semblables.

Heureusement, on arrivait à Pithiviers ; la plaisanterie eut un terme.

Comminges lui-même ouvrit la portière, tendit la main à la nièce de la supérieure, et n'oublia pas, cette fois, d'ôter son feutre.

— Nous descendons, dit-il, à l'hôtellerie du Cheval Noir ; ces dames peuvent prendre pour déjeûner tout le temps qui leur sera nécessaire.

— Avant tout, monsieur, dit Sidonia, veuillez me conduire dans une chambre, où le révérend père, seul, doit assister à l'entretien que je vous ai demandé.

— Je suis à vos ordres, mademoiselle, répondit Comminges.

— Sidonia, je vous en conjure, dites-moi quel est votre dessein, murmura Du Boulay à l'oreille de la jeune fille.

Mais celle-ci ne parut pas l'entendre et donna le bras au capitaine des gardes. Comminges se fit ouvrir par l'hôtesse une chambre particulière ; François les y suivit, agité de crainte et ne devinant en aucune sorte quelles pouvaient être les intentions de Sidonia.

— Capitaine, dit la nièce de Marie de Lenoncourt, d'un ton résolu, lorsque Comminges eut refermé la porte, je veux chasser de votre esprit des soupçons qui m'offensent. Tout à l'heure vous avez vu le révérend me baiser les la main; — parce qu'il en a le droit; parce que, sous ce froc, se cache l'homme auquel j'ai donné mon cœur, le seul qui portera jamais le titre de mon époux.

— Quoi! murmura le capitaine confondu, ce n'est donc pas un cordelier?

— Voyez! dit Sidonia, qui, par un geste rapide, rejeta le capuchon sur les épaules de François.

— Tête et massacre! cria Comminges, en reculant, je fais un rêve!

La jeune fille alla lui prendre le bras. Se penchant vers lui comme une sirène, et l'enveloppant d'un regard fascinateur.

— Allons, mon cousin, dit-elle, ne vous emportez pas! En apprenant que vous pouviez avoir de moi une idée fâcheuse, j'ai mieux aimé, plutôt que de perdre votre estime, nous rendre à discrétion et remettre entre vos mains le sort de notre amour.

— Mais, corbleu, mademoiselle!...

— Oh! ne prenez pas ce ton, je vous en supplie. Pourquoi vous courroucer contre une pauvre femme, qui demande sa grâce et avoue sa faiblesse? Voyons, mon cousin, vous êtes un chevalier français, n'est-ce pas, la galanterie est dans vos habitudes...

— C'est bien, c'est bien, murmura Comminges radouci, je vois que vos yeux sont beaux... trop beaux, mademoiselle ! Mais, laissez-moi parler à ce vaurien, continua-t-il en allant secouer François par sa robe de cordelier. Est-ce ainsi, monsieur, que vous gardez les arrêts ? qui vous a permis de me suivre à Orléans.

— Je ne vous y ai pas suivi, capitaine, balbutia Du Boulay.

— Hein ? cria Comminges.

— Il a raison, dit la jeune fille en souriant, car il vous y a précédé.

— Alors, c'est donc lui qui a passé sur la route, l'autre soir, comme le fantôme de la ballade? Mordieu! j'en apprends de belles.

— Mon cousin, mon cher cousin, dit Sidonia d'une voix câline et mélodieuse, qui semblait chatouiller agréablement l'oreille de Comminges, ne grondez plus! soyez bon, soyez généreux...

— Et faites-vous envoyer à la Bastille par le roi, s'il vous plaît! ajouta le capitaine, imitant le ton suppliant de la jeune fille; voilà ce qu'il faut ajouter, mignonne.

— A la Bastille, et pourquoi ?

— Belle demande ! parce que Sa Majesté vous destine à un autre.

— Et si je n'en veux pas, moi, de cet autre ? si je décide le roi à me donner pour mari celui que je préfère ?

— Allons donc ! fit Comminges.

— Il ne faut pas dire : « Allons donc ! » Le roi n'est pas plus terrible et plus grondeur que vous, n'est-il pas vrai ? eh bien, vous me regardez à présent sans colère, je vois un sourire sur vos lèvres...

— M. Du Boulay va rester déguisé; personne ne saura qu'il est venu à Orléans.

— Personne, excepté tous ses camarades.

— Mais non, capitaine, dit le jeune homme; ils me croient aux arrêts.

— Et le vicomte de Mortcerf, monsieur, que j'avais chargé de vous y mettre, croyez-vous qu'il n'ait pas raconté votre escapade?

— Non vraiment, car il est au Châtelet, depuis deux jours, à ma place. Il suffira, lorsque nous arriverons, de lui recommander le silence.

— Vous voyez, mon cousin, vous voyez! les choses s'arrangent pour le mieux. Le roi n'aura pas le moindre reproche à vous faire, puisque vous ignorez tout, dit Sidonia. Tenez, si vous êtes gentil, vous tendrez la main à François et... vous m'embrasserez!

Ce disant, elle se dressa sur ses pieds mignons afin de porter son front blanc et pur jusqu'aux lèvres de Comminges.

Le capitaine n'y tint plus; il y déposa un baiser sonore.

— Ah! ma foi, tant pis! cria-t-il, advienne que pourra, cette petite m'ensorcelle.

En ce moment, on entendit claquer le fouet de deux postillons, et une berline à quatre chevaux s'arrêta devant la porte de l'auberge.

FIN DU PREMIER VOLUME.

Coulommiers. — Imprimerie de A. MOUSSIN.

www.ingramcontent.com/pod-product-compliance
Lightning Source LLC
Chambersburg PA
CBHW060353170426
43199CB00013B/1857